NOUVELLE HISTOIRE DE LA FRANCE

JACQUES MARSEILLE
Professeur à l'Université de Paris-Sorbonne

NOUVELLE HISTOIRE DE LA FRANCE

Espaces • Hommes • Mentalités • Passions

tome 1
Aux origines de la France

FRANCE LOISIRS
123, boulevard de Grenelle, Paris.

Édition : Carl Aderhold
Réalisation : Copyright, Paris
Conception graphique : Raphaël Thierry, Andréa Lebelle
Iconographie: Lara Gass

L'auteur et l'éditeur tiennent à remercier le Musée national de préhistoire des Eyzies-de-Tayac-Sireuil pour son aide précieuse concernant l'illustration de cet ouvrage.
Ils remercient également M. Eugène Bonifay, directeur de recherche au C.N.R.S., pour les illustrations et les légendes des pages 12, 13 et 15, ainsi que Mme Françoise Audouze, directeur de recherche au C.N.R.S., pour son schéma du site de Verberie (page 57), exécuté spécialement pour cet ouvrage, en fonction de ses derniers travaux.

Édition du club France Loisirs avec l'autorisation des Dictionnaires Le Robert.

Éditions France Loisirs
123 bd de Grenelle, Paris 15
www.franceloisirs.com

ISBN : 978-2-7441-0345-2
N° d'édition : 51203
Dépôt légal : mars 2005

Achevé d'imprimer en mai 2008
sur les presses de Book Partners China.
Imprimé en Chine.

Salle des Taureaux, Lascaux (Dordogne). (Phot. © Jérôme Chatin.)

Sommaire

La géographie a-t-elle inventé la France ?

Peut-on admettre que la situation géographique et le climat d'un pays influencent fortement son histoire, que l'environnement exerce à tout moment une action directe sur les hommes ?

Pour les auteurs anciens, la réponse à cette question ne faisait aucun doute. Pour eux, l'histoire d'un peuple est inséparable de la contrée qu'il habite. De même qu'on ne peut imaginer l'histoire des Grecs ailleurs qu'autour de la mer Méditerranée, celle des Égyptiens ailleurs qu'au bord du Nil, celle des Anglais ailleurs que dans leur île et celle des Américains ailleurs que dans les vastes plaines de l'Ouest, on ne peut imaginer l'histoire de France sans faire appel à l'être géographique que semble constituer le territoire français.

Strabon, qui vivait à l'époque de Jésus-Christ, admirait dans notre pays ce qu'il appelait une « prévision intelligente », un véritable cadeau des dieux.

Quand les vieux manuels de géographie apprenaient aux jeunes écoliers que la France avait la forme d'un hexagone divisé en deux parties égales par le méridien de Paris, qu'elle avait un contour harmonieux d'une régularité presque géométrique, que la nature l'avait comblée en lui accordant un aspect avenant et une situation privilégiée, qu'elle était à égale distance du pôle et de l'équateur, que les montagnes d'altitude moyenne prédominaient dans la configuration du sol, que les diverses régions n'étaient nulle part séparées par des obstacles naturels, qu'elle était le jardin du monde, qu'elle contenait toutes les beautés de la terre, les bois d'orangers et les plantations de cyprès de la côte méditerranéenne, la lande désertique et les falaises du Nord, les cimes neigeuses des Alpes, les volcans d'Auvergne et la grâce royale de Paris, ils n'avaient pas tout à fait tort.

Quand Ronsard chantait ses louanges en écrivant :

... sans voguer ailleurs, toutes commodités
Se produisent ici, blés, vins forêts et prées :
Ainsi le trop de chaud n'offense nos contrées,
Ni le trop de froideur, ni le vent ruineux,
Ni le trac écaillé des dragons venimeux,
Ni rochers infertis, ni sablons inutiles,

il reconnaissait l'élégante répartition des terres d'une puissance douée de raison.

À la veille de la Première Guerre mondiale, le grand géographe Vidal de La Blache émettait l'hypothèse que l'atmosphère du pays, son agréable climat et sa richesse relative – même durant les époques autrement dures que la nôtre – avaient contribué à la naissance d'un « genre particulier de sociabilité ». « La France, observait-il, est une terre qui semble faite pour absorber en grande partie sa propre émigration. Une multitude d'impulsions locales, nées de différences juxtaposées de sol, y ont agi de façon à mettre les hommes à même de se fréquenter et de se connaître, dans un horizon toutefois restreint. »

Et quand le général de Gaulle écrivait à la première page de ses *Mémoires de guerre :* « Toute ma vie, je me suis fait une certaine idée de la France », il partageait la conviction que la France était une « personne » faite de paysages longuement façonnés par la peine des hommes, des hommes qui, depuis 2 millions d'années avant notre ère, ont forgé la fabuleuse aventure dont nous sommes faits au plus profond de nous-mêmes et ont créé, malgré leurs différences, une façon commune de vivre ensemble.

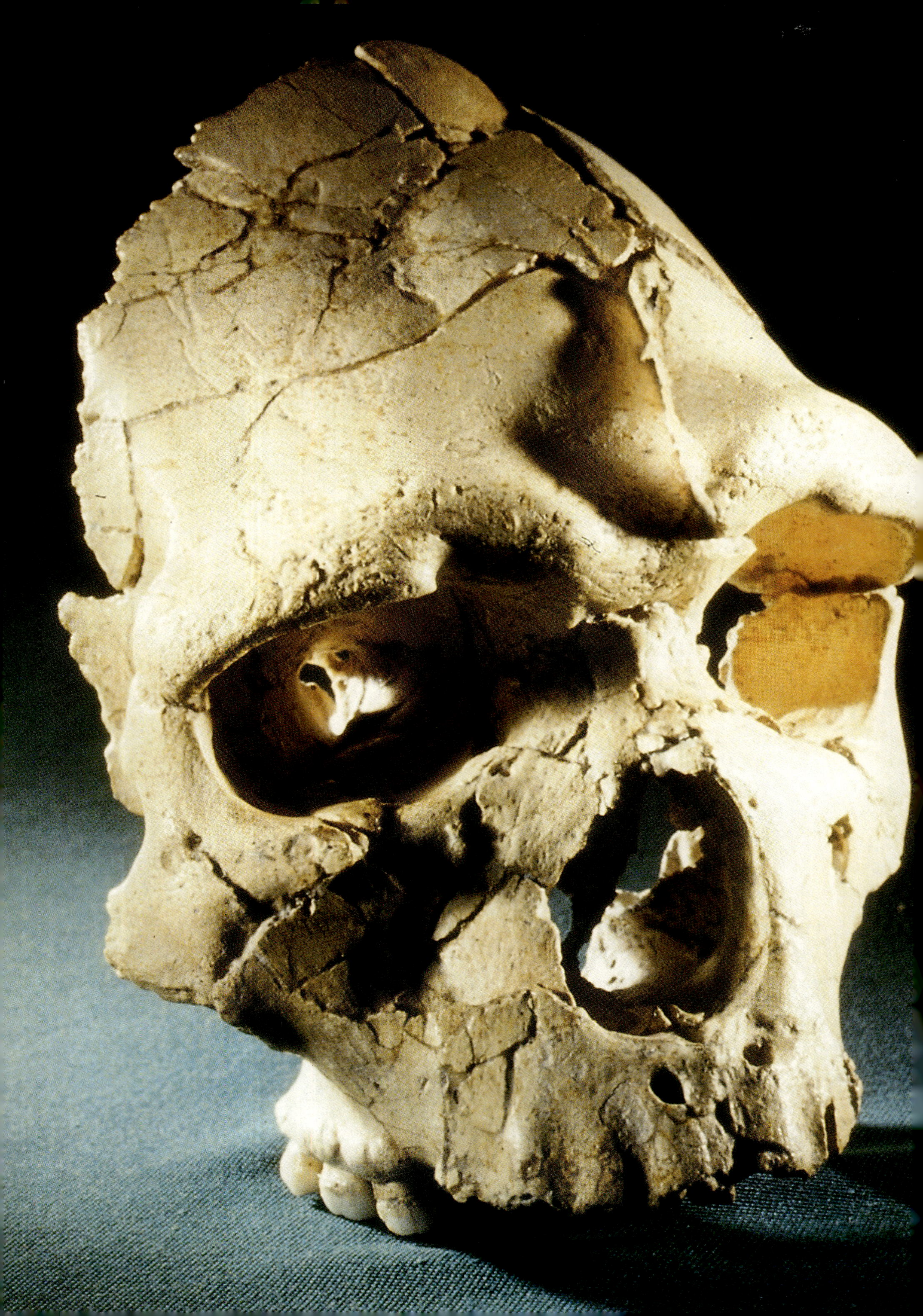

C H A P I T R E

1

LES PREMIERS « FRANÇAIS »

Vieux de 400 000 ans, le crâne découvert en 1971 à Tautavel, dans une grotte des Pyrénées, la caune de l'Arago, est le plus ancien crâne de Français connu. Cependant des galets de quartz taillés, datés d'il y a 2 millions d'années, mêlés à des ossements brisés d'animaux, dont certains portent les marques faites par l'outil qui a servi à détacher la chair de l'os, ont été retrouvés dans le Massif central. Ces galets relancent ainsi la question de savoir à quelle date un « homme » a foulé pour la première fois le sol du pays qu'on appelle aujourd'hui la France. Nous ne le saurons jamais avec exactitude. Reste que c'est probablement la France qui, après l'Afrique, a vu se multiplier les premières traces d'activité humaine.

◄ *Le crâne de la caune de l'Arago, Tautavel (Pyrénées-Orientales).*
(Phot. J. Oster, © Collection musée de l'Homme.)

QUELQUES GALETS TAILLÉS POUR TRACES

Dans la partie du Massif central où les volcans furent en activité entre 2,5 millions d'années et 600 000 ou 500 000 ans avant notre ère, les coulées basaltiques ont piégé les traces les plus anciennes d'une activité humaine en Europe. L'âge de ces traces, qui fait l'objet d'un débat parmi la communauté scientifique, est aujourd'hui estimé par certains chercheurs à 2 millions d'années, peut-être même plus.

Pour mesurer le vertige du préhistorien devant ces découvertes, il suffit de dire que les fouilles entreprises depuis une vingtaine d'années ont fait reculer de plus de 500 000 ans l'estimation de la première apparition de l'Homme en France ! Ces découvertes, si elles se multipliaient, pourraient ainsi bouleverser le schéma de l'évolution humaine qui admettait comme acquis le fait que l'Afrique constituait la souche de tout le peuplement humain terrestre !

Deux millions d'années, deux mille millénaires, vingt mille siècles, telle serait donc la fantastique durée de notre histoire !

Mais d'où venaient ces hommes qui, à Rochelambert, à Blassac, à Saint-Eble, à Perrier-les-Etouaires, à Nolhac, à Senèze ou à Chilhac, ont brisé, comme en Éthiopie à la même époque, des galets pour en rendre les arêtes plus tranchantes ? S'étaient-ils vraiment évadés du berceau africain pour partir à la conquête de la planète ? Ces *Homo erectus,* aussi grands que les hommes actuels, mais plus robustes, menaient-ils une vie misérable, condamnés à la même errance que les bandes de gorilles, ou étaient-ils assez ingénieux pour s'aménager quelque abri ?

Il faut effectuer un bond d'un million d'années pour relever des traces plus nombreuses, au moment où se prolonge un refroidissement

▲ *Datées de 2,1 à 2,4 millions d'années, ces pierres anguleuses en quartz, découvertes à Saint-Eble (Haute-Loire), pourraient avoir été taillées par l'homme et sont les plus anciens « outils possibles » retrouvés en France. Il s'agirait d'un racloir (en haut) et d'un chopper ou galet aménagé (en bas).* (Phot. © E. Bonifay.)

Crâne et bois de cervidé, Ceyssaguet (Haute-Loire). De nombreux ossements d'animaux vieux de 1,2 million d'années ont été mis au jour sur ce site. Ils suggèrent la présence possible de chasseurs à cette époque. (Phot. © E. Bonifay.)

LA MARCHE DES HOMMES

Berceau de l'humanité, l'Afrique orientale voit naître il y a plus de 4 millions d'années l'Australopithèque, de petite taille et déjà bipède. Puis les *Homo habilis* apparaissent, il y a 2,5 millions d'années environ. Ce sont les premiers à utiliser des outils sommaires. C'est avec l'*Homo erectus* que les hominidés se répandent hors de l'Afrique et arrivent en Europe ; l'*Homo erectus* est le premier à peupler la France il y a environ un million d'années. Après de nombreux changements morphologiques (accroissement de la taille du cerveau) et technologiques (outillage de plus en plus perfectionné), l'*Homo erectus* cède la place à l'*Homo sapiens,* qui comprend l'*Homo sapiens neanderthalensis* et *l'Homo sapiens sapiens.* Celui-ci forme le prototype de l'homme moderne. (Dessin S. Maigret.)

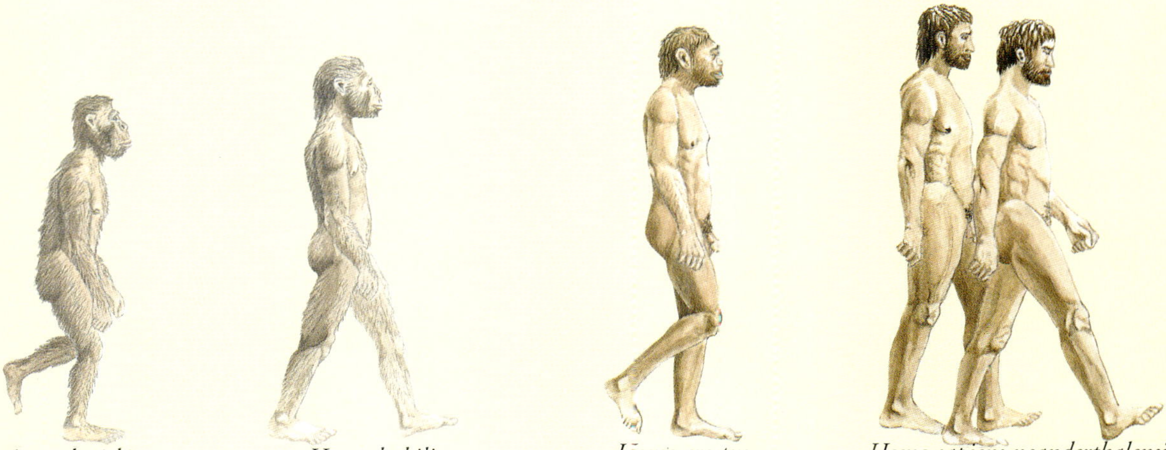

Australopithèque — *Homo habilis* — *Homo erectus* — *Homo sapiens neanderthalensis* — *Homo sapiens sapiens*

LES PREMIERS FRANÇAIS

Quand les hommes ont-ils foulé pour la première fois le sol de la France ? Cette question oppose les chercheurs, qui continuent de s'affronter violemment, comme en témoigne l'interview, publiée par la revue *L'Histoire*, de Catherine Farizy, directeur de recherche au C.N.R.S.

L'Histoire : Certains préhistoriens, se fondant sur la découverte d'outils taillés dans des gisements beaucoup plus anciens, font remonter l'installation humaine en Europe à deux ou trois millions d'années avant notre ère ?

Catherine Farizy : Le problème a rebondi à la suite de la récente publication d'un ouvrage dirigé par Eugène Bonifay et Bernard Vandermeersch : *Les Premiers Habitants de l'Europe*. Ce livre a le mérite de faire le point sur de nombreux sujets, mais donne de curieuses interprétations de la réalité. On y présente certains sites du Velay, qui datent de 2,5 à 2 millions d'années avant notre ère et contiennent des objets taillés, comme des sites aménagés par l'homme. Or les « outils » qu'on a retrouvés là sont ce que l'on appelle des « outils possibles ». En effet, pour être sûr qu'une pierre a bien été taillée par l'homme, il faut avoir découvert plusieurs séries de pièces sur lesquelles un certain nombre de gestes semblables se répètent. Si tel n'est pas le cas, on parle d'outils possibles, car ils peuvent aussi bien résulter de l'action de phénomènes naturels.

L'Histoire : La présence sur un site de restes d'animaux n'est donc pas forcément le signe qu'il y a eu là une présence humaine ?

Catherine Farizy : Non, bien entendu. Mais on a longtemps cru que la présence de restes d'animaux accumulés impliquait l'action d'un prédateur humain. Ainsi, la faune du site de Ceyssaguet, en Haute-Loire, datée d'environ 1,2 million d'années avant notre ère, est présentée comme une accumulation d'origine humaine. Or, certains animaux, comme la hyène, se nourrissent d'herbivores et les accumulent, soit dans une grotte, soit en plein air, pour subvenir à leurs besoins et à ceux de leurs petits. Il faut donc, avant de pouvoir dire qu'un animal a été chassé par l'homme, être sûr que l'accumulation de faune n'est pas le fait d'un carnivore. C'est la taphonomie [l'étude de la fossilisation des êtres vivants, et plus largement des sites et des outils utilisés par l'Homme] qui, seule, permet de répondre. Elle nous apprend que la chasse aux grands herbivores n'a pas existé en Europe avant 400 000 ans avant J.-C.

Il faut donc, n'en déplaise à certains, en revenir aux certitudes : ceux qui, pour trouver une souche locale au peuplement de nos régions, datent les premières traces humaines de 2,5 millions d'années avant notre ère s'égarent. Leur démarche volontariste se heurte à l'évidence : il n'y a pas eu d'homme en Europe avant 900 000 ans.

L'Histoire, n° 165, avril 1993

marqué du climat. La grotte dite du Trou des Renards, au long du Vallonnet, un petit torrent de la commune de Roquebrune, dans les Alpes-Maritimes, est le plus vieil habitat actuellement connu en Europe. Ouverte vers le nord, elle est constituée par un étroit couloir qui débouche, à 5 mètres de l'entrée, dans une salle exiguë. Les galets aménagés et les éclats de taille ont été abandonnés au centre de la petite salle.

Les grands ossements de mammifères, en revanche, avaient généralement été rejetés contre les parois. Ces hommes, qui ne connaissaient pas le feu, avaient traîné dans leur habitat une forte proportion d'animaux âgés, vraisemblablement des bêtes mortes ou malades.

Ils y avaient aussi amené des fragments de carcasse d'une baleine, probablement échouée sur une plage proche et en voie de décomposition.

À cette même date, à Soleilhac, près du Puy, sur les rives d'un ancien lac de montagne, d'autres hommes taillaient le quartz, chassaient les éléphants qui s'enlisaient au bord du lac et alignaient des blocs de basalte et de granite de 6 mètres de long et de 1,50 m de large.

Mais, faute de squelette fossile, nous ne pouvons toujours pas dessiner les contours et les caractéristiques physiques de cet *Homo* mystérieux qui, pourtant, au fil des millénaires et des glaciations successives, améliore sa technique de taille et diversifie son outillage.

LA MAÎTRISE DU FEU

Vers 700 000 ans, dans la grotte de l'Escale, dans la basse vallée de la Durance, on soupçonne la présence de grands feux au milieu des restes d'un ancêtre des loups, d'un félin de la taille d'un lion et d'un cerf à ramures palmées. Même si les traces d'un feu intentionnel sont mises en doute par de nombreux chercheurs, les couches de cendre, qui atteignent plus de 10 centimètres d'épaisseur et sont constituées de résidus de branches d'arbres, semblent bien attester le fait que ces foyers sont d'origine humaine. Ce seraient les plus anciens témoignages au monde de la maîtrise du feu !

Après quoi, toutefois, les traces disparaissent pour longtemps. Elles se font plus nombreuses et plus précises vers les 500 000 ans, au cours d'une période interglaciaire qui voit la température augmenter en moyenne de 2 à 3 °C. Près de trois cents sites recensés font de cette période décisive un véritable « tournant » de notre histoire, où le feu est réellement maîtrisé. Parmi les plus vieux

La grotte de l'Escale (Bouches-du-Rhône) a été découverte en 1960. Elle recèle un grand nombre d'indices d'une possible occupation humaine, notamment des éclats taillés. (Phot. © E. Bonifay.)

LES GLACIATIONS

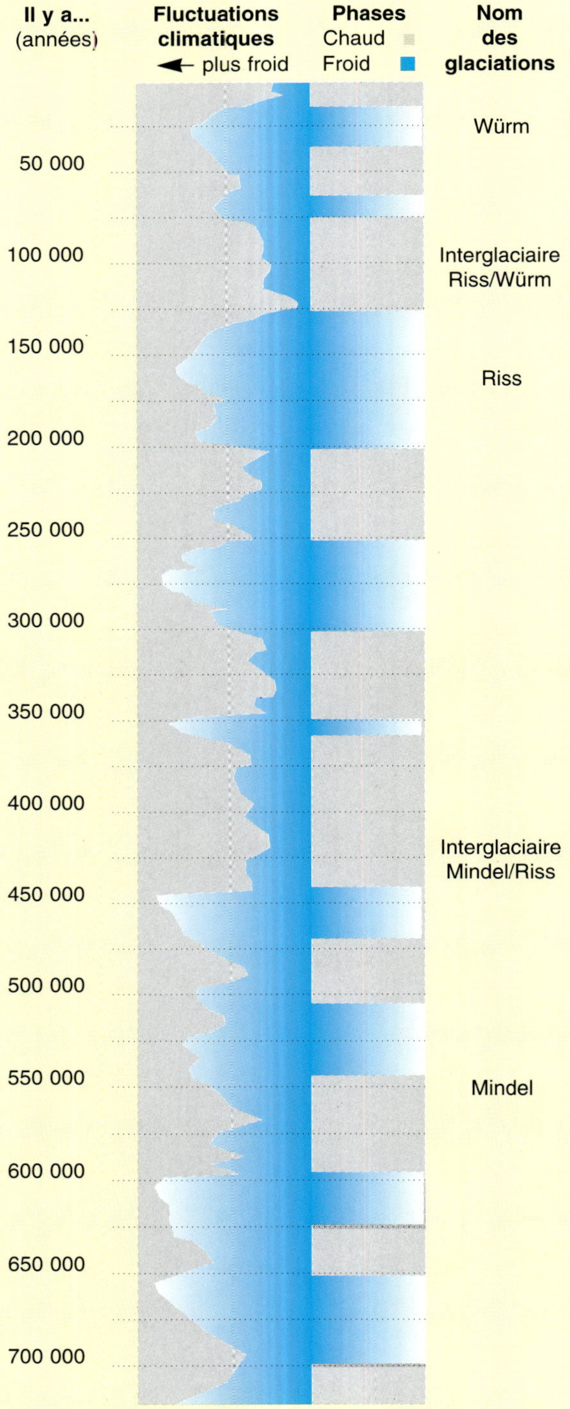

*Tableau des glaciations du quaternaire en Europe à partir de la présence avérée de l'*Homo erectus.

foyers, celui de la grotte du Mas des Caves, à Lunel-Viel, entre Nîmes et Montpellier, révèle l'aménagement d'une véritable cuisine! L'un des « fourneaux » est aménagé en forme de cuvette en partie entourée de grosses pierres disposées en cercle. Une ouverture avait été laissée, peut-être pour faciliter le tirage. Autour du foyer, le sol est piétiné par endroits et pavé de galets. Un bloc-siège a même été identifié. Dans de légères cavités, l'argile a conservé des empreintes de rameaux de feuilles et de faisceaux d'herbes, probablement des litières qui couvraient à peu près 2 mètres carrés. Ailleurs, des fosses ont gardé des empreintes de graines et de coquilles.

À proximité du vieux port de Nice, les foyers retrouvés dans les dunes fossiles de Terra Amata, datés de 380 000 ans, étaient placés au centre de campements temporaires. La fouille a révélé que les chasseurs fréquentaient l'endroit régulièrement mais n'y faisaient que de courtes étapes, au cours de déplacements saisonniers, abandonnant à leur départ outils, éclats et même... excréments dont on a retrouvé les restes. Leur étude a aussi permis de déterminer, par les pollens qu'ils contenaient, que les séjours avaient lieu durant l'été.

Ces hommes qui chassaient à profusion lapins, cerfs, sangliers, mais aussi ours, rhinocéros et petits éléphants, faisaient également leur ordinaire de coquillages marins. Les dunes ont aussi conservé fidèlement les traces de vingt et un emplacements de huttes ayant chacune de 9 à 16 mètres de long sur 4 à 7 mètres de large. Le feu était entretenu sur un dallage de galets ou dans une cuvette creusée dans le sable. Une murette coupe-vent protégeait la combustion.

À Plouhinec enfin, dans le sud du Finistère, on a découvert en 1995 dans une ancienne grotte effondrée les traces d'un feu datées de 465 000 ans avant notre ère. Les ossements trouvés à proximité montrent qu'il a été utilisé pour cuire de la viande de rhinocéros et de grands bovidés.

De telles dispositions laissent donc deviner une réelle maîtrise du feu, le « foyer », comme on dit aujourd'hui, étant bien intégré dans un espace habité dont il constituait le centre d'attraction. On ne peut qu'être lyrique devant un tel « progrès » qu'aucun animal ne maîtrisa jamais et qui semble indissociable du développement de l'humanité.

Tout d'abord, la cuisson de la viande, la rendant plus digeste, facilita sa consommation. Il en résulta l'absorption d'une plus grande quantité de calories. En l'attendrissant, elle allait aussi provoquer une réduction du temps de mastication qui se traduisit par une diminution des muscles de la face et contribua au raccourcissement des maxillaires.

Le feu facilita également la conservation de la chair du gibier abattu et des poissons capturés. Tout en gardant l'essentiel de leurs qualités alimentaires, ces aliments fumés pouvaient être consommés longtemps après l'abattage.

De plus, outre la chaleur qu'il procure, le feu apportait une source d'éclairage artificiel favorisant l'occupation de grottes profondes et encourageant la communication entre individus qui purent prolonger autour de lui les activités de la vie quotidienne. Enfin, le feu constituait une arme de défense efficace permettant de tenir à distance les animaux rôdeurs en quête de quelque quartier de viande.

Autant de « progrès » qui invitent à penser que le fait d'avoir un jour osé s'emparer à main nue du feu pour s'en approprier la puissance a pu être considéré comme la deuxième naissance de l'humanité. Après avoir créé l'outil, prolongement de son être physique, l'homme devenait, avec le feu, maître d'un élément naturel qu'il transformait en instrument de sa volonté.

Mais comment, alors, ne pas multiplier les interrogations sur les conditions dans lesquelles est apparu ce fantastique « progrès » ? Pourquoi l'homme a-t-il attendu si longtemps avant de domestiquer le feu alors que son utilisation apporte de tels avantages ?

▲ *Aménagement d'un foyer à Terra Amata (Nice, Alpes-Maritimes).*
(Phot. H. de Lumley, © Collection musée de l'Homme.)

C'est que non seulement le feu ne pouvait être maîtrisé sans un minimum d'aptitudes intellectuelles mais que surtout son utilisation entraînait d'évidentes transformations sociales.

La maîtrise du feu oblige en effet à passer un temps important à récolter du combustible, autant de temps que l'on ne pourra consacrer à l'acquisition d'aliments, surtout si le feu doit être entretenu en permanence.

Cela suppose aussi des notions d'organisation et de prévision qui nous paraissent évidentes mais l'étaient peut-être moins pour nos lointains ancêtres. En outre, la prise en commun des repas qu'impose en partie la consommation de viande grillée entraîne une division du temps, exige un horaire qui n'est plus individuel mais collectif. À partir du moment où la cuisson intervient, elle réunit le groupe en un lieu et un temps donnés et le repas devient bien un élément majeur d'intégration du groupe familial ou social. L'acte alimentaire prend alors la valeur symbolique qu'il gardera jusqu'à aujourd'hui.

Enfin, avec l'introduction du « foyer », c'en est aussi fini de l'anarchie des premiers habitats. Désormais il devient le pôle privilégié autour duquel s'organisent l'espace et les activités. C'est alors qu'on voit se différencier les zones de travail de la pierre, les zones de préparation alimentaire et les zones de rejet des déchets domestiques.

C'est probablement aussi au sein du groupe que se partagent les activités, la surveillance constante des braises faisant émerger une division des tâches selon les individus, le sexe ou l'âge.

Ainsi, si la maîtrise du feu est apparue si tard dans l'histoire de l'humanité, ce n'est sans doute pas en raison d'une quelconque incapacité technique à le produire, les systèmes traditionnels de production étant finalement très simples, mais parce qu'elle nécessitait un changement fondamental de comportement à mettre sur le compte d'un progrès plus psychique que technique.

▲ *Reconstitution d'une cabane de chasseurs de Terra Amata.*
Les indices relevés sur le site de Terra Amata (Alpes-Maritimes) ont permis la reconstitution de cet abri provisoire, construit par les chasseurs nomades qui fréquentèrent ce lieu. (Phot. D. Ponsard © Collection musée de l'Homme.)

LES TECHNIQUES DU FEU

(Dessins extraits de : Perlès C., Préhistoire du feu, *© Masson, Paris, 1977.)*

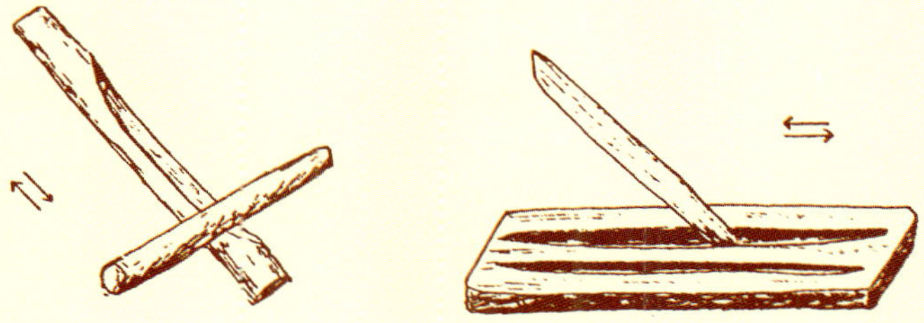

Deux méthodes de production de feu par friction longitudinale.

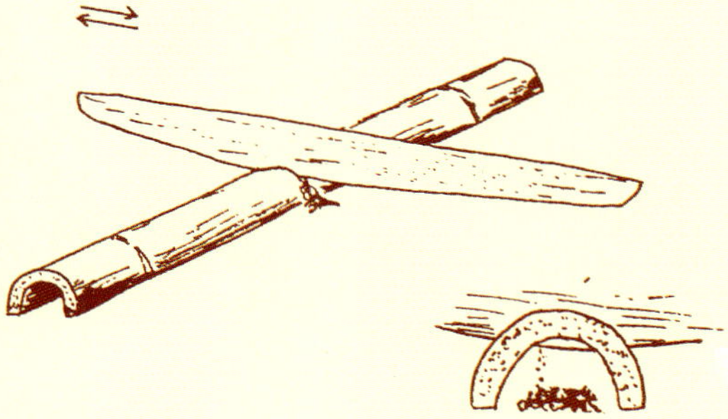

Production du feu par sciage d'une tige de bambou.

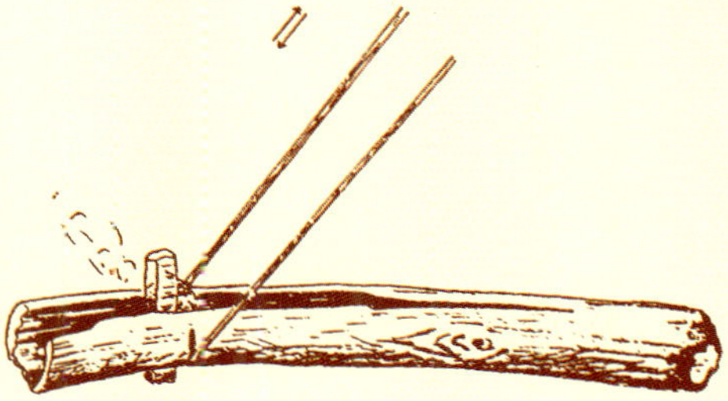

Production du feu par sciage avec une cordelette.

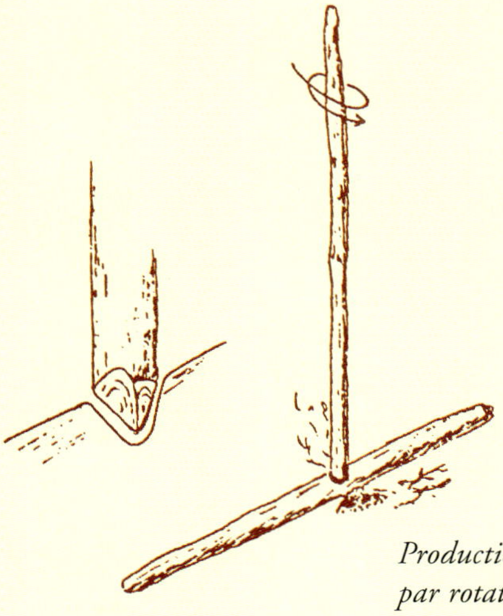

Production du feu par rotation manuelle.

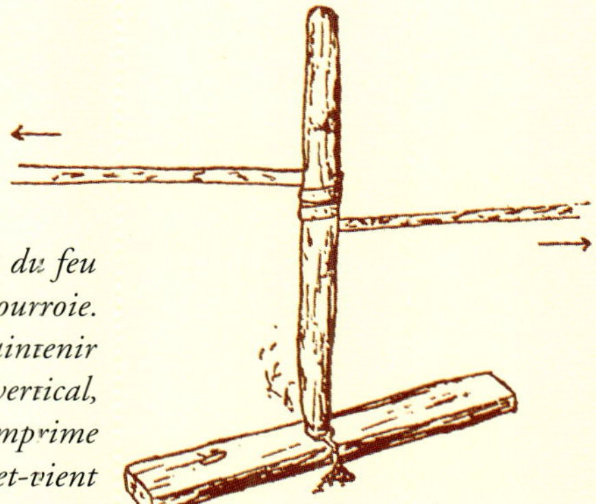

Obtention du feu par rotation avec une courroie. Une personne doit maintenir le tourniquet vertical, tandis que l'autre imprime un mouvement de va-et-vient à la courroie.

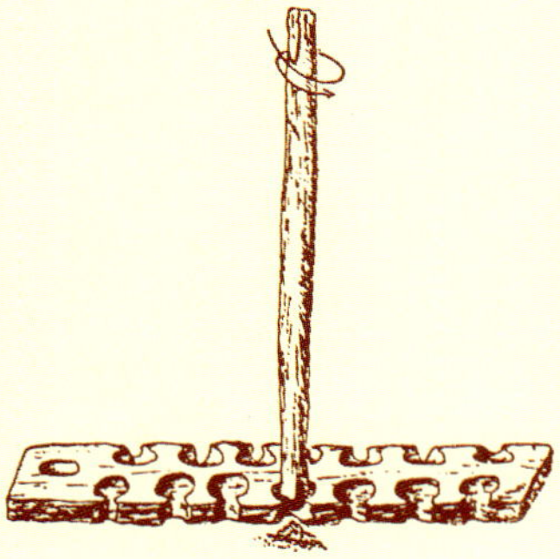

Obtention du feu par rotation manuelle.

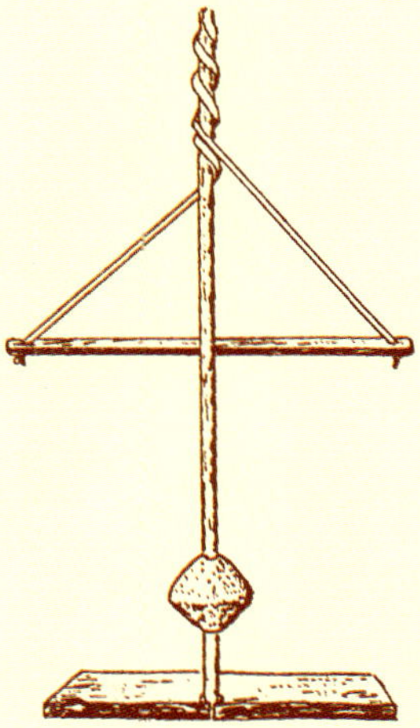

Obtention du feu par rotation avec un archet.

LES PREMIERS INDUSTRIELS

▲ *Nucléus (250 000 ans).*
Ce bloc de pierre a servi à la fabrication d'une lame ; les coups successifs qui en ont déterminé la forme sont bien visibles.
(Phot. © Giraudon.)

L'époque qui voit apparaître les premiers foyers correspond aussi, ce qui n'est d'ailleurs pas un hasard, à des innovations majeures dans les industries de la pierre taillée.

À partir de 400 000 ans, en effet, le geste simple qui impliquait de frapper à 90 degrés le bord d'un galet pour en faire naître un tranchant se transforme au fil du temps en un véritable « coup de main » nécessitant l'acquisition d'une série de gestes supplémentaires aussi précis qu'effectués dans un ordre strict.

En effet, en vue d'obtenir un outil (lame, pointe, etc.), on ne se contente pas de dégrossir le bloc de pierre mais l'on cherche au contraire, par une succession de petits enlèvements, à en ôter un éclat de forme prédéterminée qui deviendra l'outil, le reste du bloc, appelé nucléus (le noyau), devenant ainsi inutile. C'est la technique Levallois, du nom de la commune de la banlieue de Paris où ont été faites les premières découvertes.

▲ *Face d'un éclat de préparation de nucléus Levallois.*
(Phot. J. Oster, © Collection musée de l'Homme.)

Comme pour la maîtrise du feu, il y a bien, là aussi, intention et prévision puisque, et c'est capital, la forme que prendra l'outil doit préexister dans l'esprit de l'artisan.

Cette technique constitue ce que l'humanité a créé de plus élaboré pour la fabrication des outils de silex. L'existence de vastes ateliers où les hommes sont venus, génération après génération, débiter leur matière première permet, sur des dizaines de milliers d'éclats, de nucléus épuisés, de ratés de fabrication, de se représenter le haut degré de technicité auquel ils étaient parvenus.

Ainsi, avec une quantité moindre de matière première, l'artisan peut fabriquer des outils plus efficaces et moins pesants. Alors qu'il obtenait 10 centimètres de tranchant pour 1 kilogramme de galets aménagés il y a 2 millions d'années, il obtient 40 centimètres pour 1 kilogramme de bifaces il y a 500 000 ans, 2 mètres de tranchant il y a 50 000 ans et 10 mètres il y a 35 000 ans.

Et c'est probablement parce que la France regorgeait de silex, cette matière première plus dure que l'acier, que l'évolution de l'homme y a été précocement favorisée.

LA TECHNIQUE LEVALLOIS

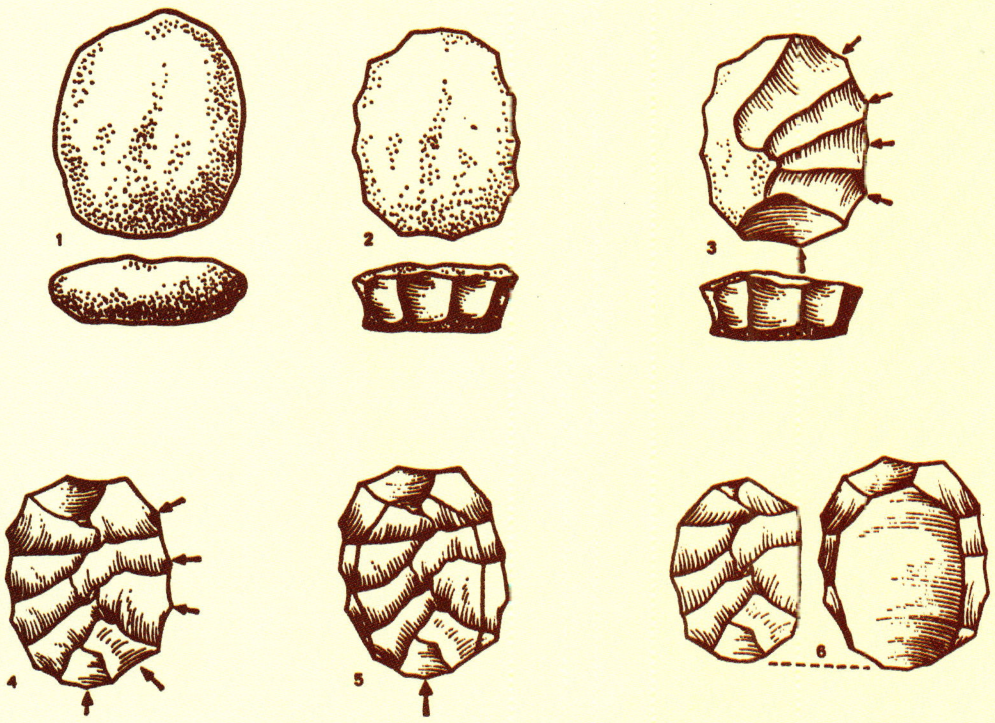

La méthode de débitage Levallois.
La technique consiste à préparer un nucléus de façon que l'éclat que l'on en tire soit tel qu'on l'avait imaginé (pointe, lame). Ce schéma montre les phases successives de préparation du nucléus :
le galet est préparé sur ses côtés (fig. 2), puis on ôte plusieurs éclats qui se rejoignent au centre (fig. 3).
Une nouvelle série d'éclats convergents dessine la forme recherchée (fig. 4 et 5),
qu'il reste à détacher d'un coup sec (fig. 6).
(Phot. © Collection musée de l'Homme.)

LES OUTILS DE PIERRE

Galet aménagé en calcaire, grotte du Vallonnet (Alpes-Maritimes). Il suffisait de briser une pierre pour obtenir une arête tranchante. Les galets aménagés sont les premiers outils fabriqués par l'homme.

(Phot. J. Oster, © Collection musée de l'Homme.)

Biface en silex (La Mare-aux-Clercs, Seine-Maritime), vu sous deux angles différents. Avec le biface, l'homme prépare minutieusement ses outils en façonnant le bloc de pierre des deux côtés à l'aide d'un percuteur.

(Phot. M. Delaplanche, © Collection musée de l'Homme.)

Racloir en silex (Saint-Acheul, Somme). Les hommes adaptent progressivement les bifaces à des tâches particulières, comme ce racloir qui servait à couper et trancher comme un couteau.

(Phot. J. Oster, © Collection musée de l'Homme.)

Pointe Levallois en silex. Un progrès important est accompli avec la technique Levallois : l'outil réalisé, plus fin et mieux adapté, est le fruit d'une réflexion et d'une préparation.

(Phot. © Collection musée de l'Homme.)

L'HOMME, ENFIN...

Si la présence multipliée d'outils taillés permet d'affirmer l'existence de l'Homme en France, seule une dent de lait d'un enfant de quatre à cinq ans, trouvée au milieu de gros animaux piégés à Vergranne, dans le Doubs, permet de traquer enfin le premier Français, il y a 400 000 ans. Avec un fragment de molaire recueilli à Přezletice, en République tchèque, une mandibule découverte à Mauer, en Allemagne, et une autre à Montmaurin, dans la Haute-Garonne, elle représente le plus ancien et le seul témoin osseux connu en Europe.

Sur le site de Terra Amata, une empreinte de pied humain de 24 centimètres de longueur paraît correspondre à un individu pouvant mesurer un peu moins de 1,60 m.

Surtout, une grotte des Pyrénées nous donne, pour la première fois, un aperçu de la personne qui, entre 400 000 et 350 000 ans, taillait aussi ingénieusement les éclats. En juillet 1971 en effet, à Tautavel, une commune située à 19 kilomètres au nord-ouest de Perpignan, la caune de l'Arago nous livrait, gisant au milieu d'outils et d'ossements animaux, un crâne, les dents tournés vers le ciel. Deux autres mâchoires, des dents isolées, des fragments de pariétaux, une rotule et des phalanges nous permettent de nous faire une idée de ce plus vieux des « Français ».

D'après diverses indications, telles une molaire peu usée et une suture frontale pas tout à fait ossifiée, il s'agissait d'un jeune homme d'une vingtaine d'années dont l'épaisseur des os et la

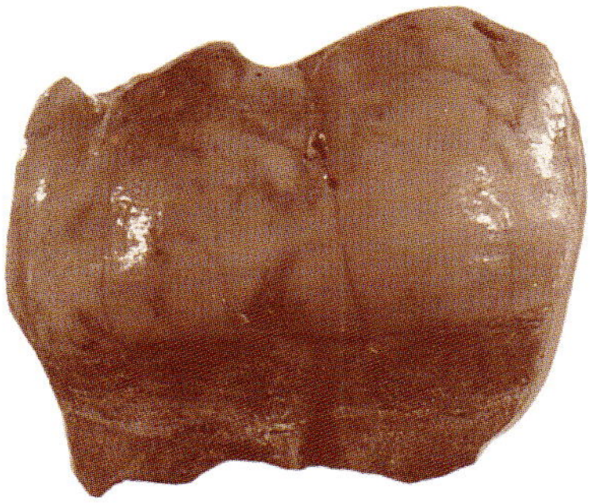

▲ *La découverte de cette dent et d'une vingtaine d'autres dans la caune de l'Arago a permis, entre autres indices, de connaître l'homme de Tautavel.*

(Phot. © Collection musée de l'Homme.)

▲ *Site de la caune de l'Arago, à Tautavel (Pyrénées-Orientales), où l'on a retrouvé le plus vieux « Français ».*

(Phot. J. Oster, © Collection musée de l'Homme.)

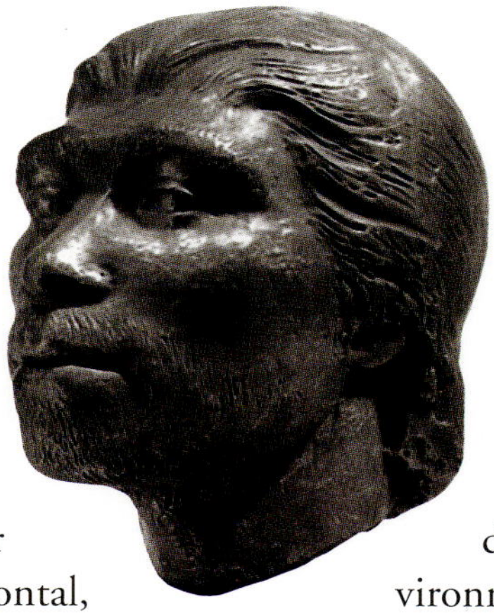

puissance des insertions musculaires suggèrent une robustesse et une force certaines. C'était un rude gaillard.

Les arcades sourcilières un peu fortes, le front légèrement fuyant, il avait une capacité cérébrale de presque 1 100 centimètres cubes, contre 1 500 centimètres cubes pour la nôtre, et, sur la face interne du frontal, un cap de Broca aussi développé que chez l'homme d'aujourd'hui. Donc, il parlait, quel que fût son langage.

Que raconte d'autre ce rescapé ?

L'outillage apparaît très archaïque, les bifaces demeurant très rares. De même l'on n'a relevé aucune trace de feu.

L'étude des pollens ainsi que des sédiments présents dans la grotte révélent l'existence d'arbres essentiellement méditerranéens qui devaient pousser sur les pentes environnantes (cyprès, chênes verts, pistachiers et platanes).

Quant aux restes de faune retrouvés, ils indiquent qu'il y avait à cette époque dans la région non seulement des rhinocéros, des éléphants, des chevaux, des ours, des loups et des lynx, mais aussi des animaux plus petits (belette, taupe, lapin) et un bel éventail d'oiseaux (grive, perdrix, canard, corbeau, aigle royal).

Mais que faisaient ces restes humains au milieu de tous ces os d'animaux ? Un fémur présentant des stries de découpage semble indiquer que l'homme de Tautavel a été dévoré par ses congénères. Le bris de la boîte crânienne paraît aussi intentionnel, suggérant ainsi l'idée que les ossements de notre plus ancien ancêtre seraient ceux d'un homme mangé !
Si, par de nombreux caractères, les restes de ce premier « Français » ressem-

▲ *L'homme de Tautavel, tel que l'a reconstitué le sculpteur André Bordes (en haut : buste, musée de l'Homme, Paris ; ci-dessus : statue, à Tautavel). Cet* Homo erectus *de forte taille vivait dans un environnement hostile, il y a 400 000 ans.*
(Deux phot. J. Oster, © Collection musée de l'Homme.)

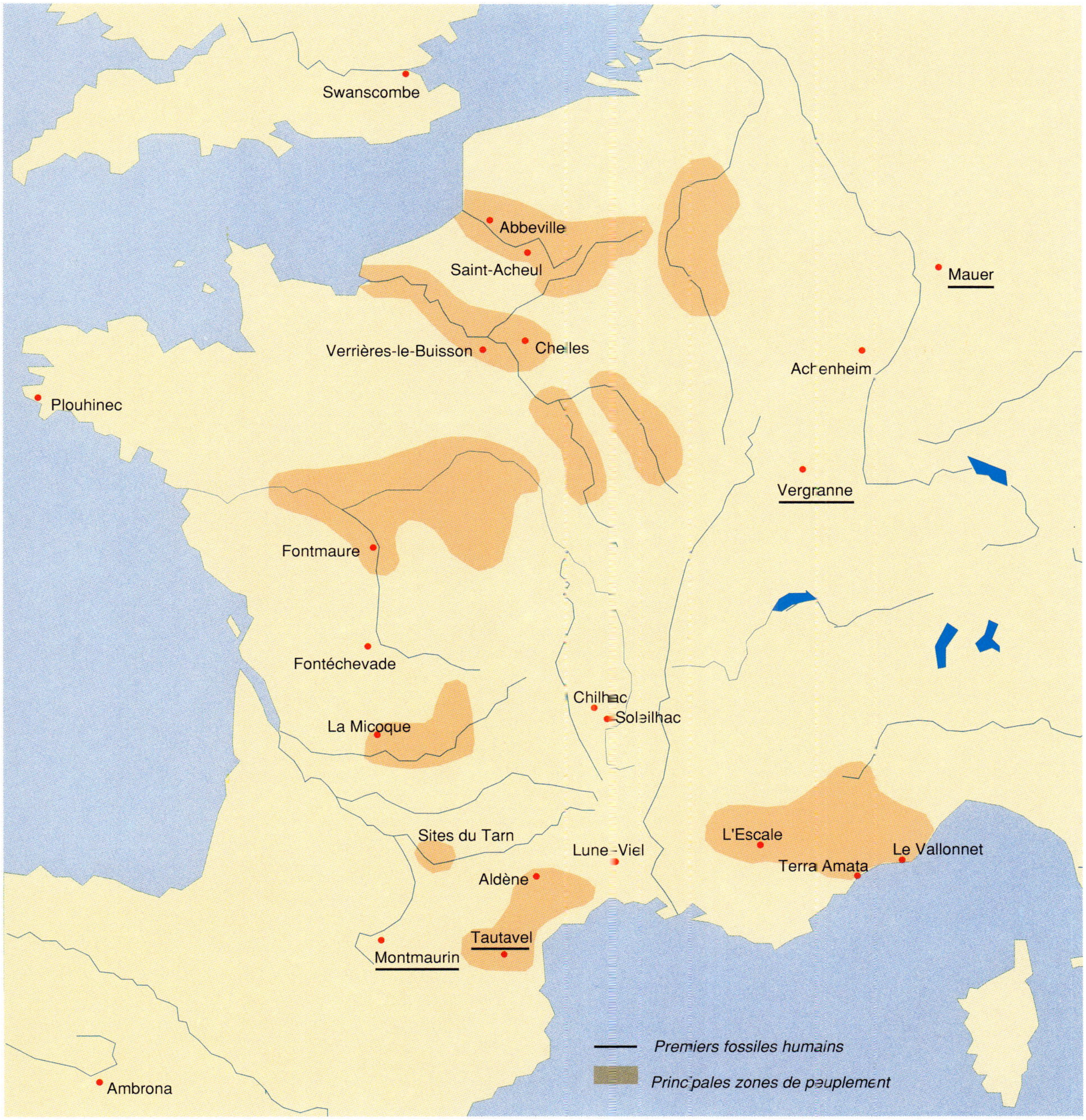

Les sites du Paléolithique inférieur (–2 000 000 à –135 000 ans).

blent à ceux qu'on trouve à la même époque en Afrique ou en Asie, les différences physiques entre cet *Homo erectus* européen et les spécimens asiatiques et africains de cette espèce posent un problème de fond. En effet, si l'homme de Tautavel présente des traits archaïques comme le gros bourrelet sus-orbitaire et le front fuyant, il possède également des caractères de type *sapiens* tels que l'augmentation de la capacité crânienne ou l'aplatissement des os de la nuque.

Qui étaient donc ces 2 000 ou 3 000 « Français » qui, selon les estimations, peuplaient alors la France ?

LA DÉCOUVERTE DE LA PRÉHISTOIRE

La préhistoire a une histoire qui a commencé en France au milieu du XIXe siècle, quand Jacques Boucher de Crèvecœur de Perthes, directeur des douanes à Abbeville, se mit à rechercher dans les terrasses alluviales de la Somme les témoignages d'une industrie humaine primitive.

En 1846, il publie le premier volume des *Antiquités celtiques et antédiluviennes*, dans lequel il révèle l'existence de haches taillées par l'homme dans des terrains où gisent aussi des ossements d'animaux fossiles. Il se heurte alors à la science officielle, qui ne voit là qu'un tissu de rêveries dans la mesure où le célèbre Cuvier avait affirmé en 1831 qu'il n'y avait pas d'homme fossile et où la Bible enseignait que l'homme avait été créé 4 000 ans avant J.-C. Ainsi, les découvertes, qui se multipliaient, étaient systématiquement combattues, au prix parfois d'interprétations pour le moins fantaisistes, comme celle qui attribuait les squelettes de mammouths aux éléphants d'Hannibal ! Il fallut que les Anglais se rendent à Abbeville en 1859 et comparent leurs découvertes avec celles de Boucher de Perthes pour faire admettre, au cours d'une séance de la Royal Society, qu'il avait raison, l'année même où Darwin faisait paraître son *Origine des espèces*.

La préhistoire venait de naître.

Jacques Boucher de Crèvecœur de Perthes (1788-1868), lithographie de Grévedon. Son obstination a vaincu les réticences du monde scientifique. (Phot. © Collection musée de l'Homme.)

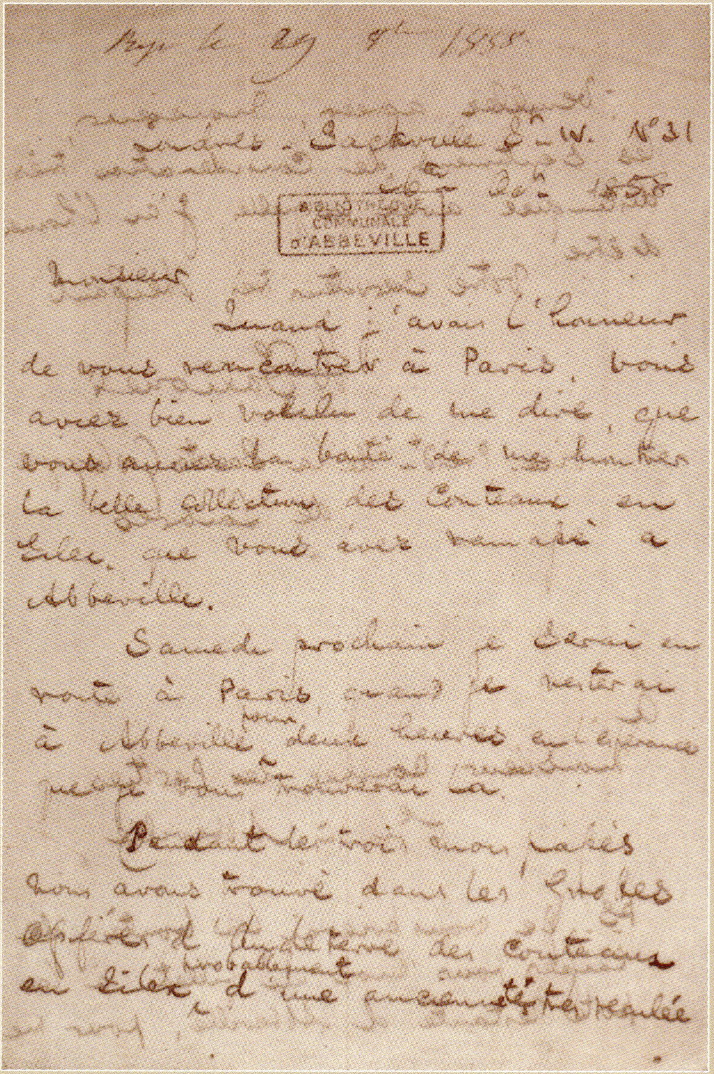

Reçu le 29 9bre 1858

Londres – Sackville St W. N°31
26 Dec 1858

Monsieur

Quand j'avais l'honneur de vous rencontrer à Paris, vous avez bien voulu de me dire, que vous auriez la bonté de me montrer la belle collection des couteaux en silex que vous avez ramassés à Abbeville.

Samedi prochain je serai en route à Paris quand je resterai à Abbeville pour deux heures en l'espérance que je vous trouverai là.

Pendant les trois mois passés nous avons trouvé dans les [illegible] d'Angleterre des couteaux en silex probablement d'une ancienneté [illegible]

Ci-dessus : Intrigué par les découvertes de Boucher de Perthes, le Britannique Hugh Falconer fit venir en France en 1859 deux de ses confrères, Joseph Prestwich et John Evans, qui furent convaincus que les objets exhumés à Saint-Acheul (Somme), notamment les bifaces, étaient bien des œuvres humaines. Leur collaboration avec Boucher de Perthes fut décisive pour la reconnaissance de la préhistoire. (Phot. J.-L. Boutiller, bibliothèque municipale d'Amiens.)

À gauche : Extrait d'une lettre adressée à Boucher de Perthes en octobre 1858 par le géologue britannique Hugh Falconer. (Phot. © musée Boucher-de-Perthes, Abbeville.)

En haut, à droite : Bifaces découverts à Saint-Acheul. (Phot. © Lauros.)

CHAPITRE

2

LA NAISSANCE DE LA MORT

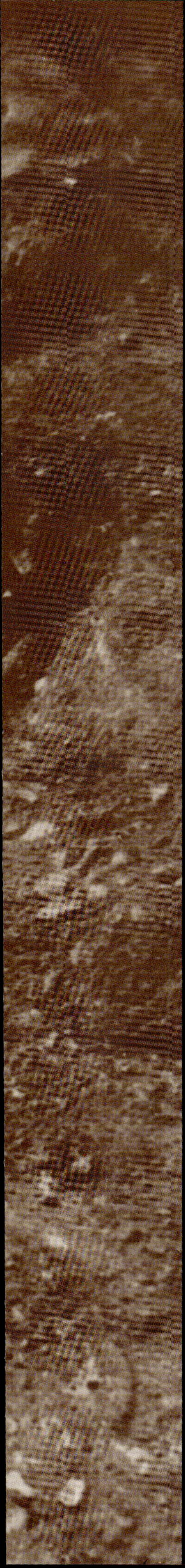

Enraciné pendant près de 100 000 années dans le sol français, l'homme de Néandertal s'affirme ouvrier plus qu'habile et se présente comme le premier à avoir offert une tombe à ses morts. En témoigne le squelette d'un Néandertalien retrouvé, en compagnie de sept autres (dont plusieurs enfants), à La Ferrassie, en Dordogne. Les jambes repliées sous les cuisses, le bras gauche le long du corps, le bras droit plié et la tête tournée vers la gauche, il révèle l'existence de pratiques funéraires et fait de ce site l'une des plus anciennes sépultures de l'histoire de l'humanité.

◄ *Squelette d'un homme de Néandertal découvert à La Ferrassie, en Dordogne.* (*Phot. © Collection musée de l'Homme*)

UN HOMME DOTÉ D'UN CERTAIN CHARME

C'est au lendemain d'une longue période glaciaire qui s'étend sur près de mille siècles, de 235 000 à 135 000 ans avant notre ère, que se produit une nouvelle évolution décisive. À cette date, apparaissent ceux qui, réellement *sapiens,* allaient devenir nos plus proches ancêtres.

Des ancêtres qui n'ont pourtant pas bonne presse. En effet, lorsqu'en 1856 on découvrit dans une grotte de la vallée du Neander, près de Düsseldorf, en Allemagne, les restes de celui qu'on allait baptiser l'homme de Néandertal, on eut du mal à admettre que le crâne qu'on venait d'exhumer ait pu appartenir à un ancêtre direct de l'homme moderne.

Des savants anatomistes allemands, Rudolf Virchow et Robert von Mayer, attribuèrent ce crâne à un homme récent mais dégénéré, rachitique et d'origine mongoloïde. D'autres, estimant que les fémurs courbés trahissaient la pratique de l'équitation, y virent le squelette d'un cosaque déserteur de l'armée russe au temps des guerres napoléoniennes. Seul l'Anglais Thomas Huxley soupçonna qu'il pouvait s'agir d'un précurseur de l'homme moderne et, devant les sarcasmes d'un confrère, répliqua qu'il préférait avoir pour ancêtre un singe réussi qu'un Adam dégénéré.

En 1920 encore, Marcellin Boule, professeur au Muséum d'histoire naturelle, décrivait en ces termes l'homme qu'il avait découvert en 1912 à La Chapelle-aux-Saints, en Corrèze : « L'absence probable de toute trace de préoccupation d'ordre esthétique ou d'ordre moral [s'accorde] bien avec l'aspect brutal de ce corps vigoureux et lourd, de cette tête osseuse aux mâchoires robustes et où s'affirme encore la prédominance des fonctions purement végétatives ou bestiales sur les fonctions cérébrales. »

Or cet homme

▲ *Travaillant à l'exploitation d'une carrière, des ouvriers mirent au jour en 1856 dans la grotte de Fedhofer (vallée du Neander), les restes d'un squelette, dont cette calotte. Reconnu comme le premier fossile humain différent de l'homme actuel, ce squelette apporta ainsi la preuve de l'évolution de l'homme.* (Phot. © Boyer-Viollet.)

LES MALADIES DE L'HOMME DE NÉANDERTAL

« [...] Dès les premiers squelettes du Paléolithique inférieur, pourtant rares, on observe déjà quelques pathologies très manifestes. Ainsi le crâne de l'Arago à Tautavel, celui d'un homme prénéandertalien âgé d'à peine 20 ou 21 ans, décédé au début de la glaciation de Riss, présente une avulsion dentaire traumatique de la première prémolaire supérieure droite. L'alvéole étant comblé, cette avulsion devait remonter à au moins 4 ou 5 ans avant sa mort. Plus intéressant est ce pariétal trouvé au Lazaret de Nice d'un enfant de 9 ans, décédé dans la troisième période du Riss il y a 120 000 ans, et qui présente une vaste lésion, traduction vraisemblable d'un méningiome dont l'enfant serait mort.

Au Paléolithique moyen on relève sur les ossements des hommes de Néandertal des lésions plus variées. L'homme de La Chapelle-aux-Saints était porteur d'affections multiples : une subluxation congénitale de la hanche gauche, une échancrure congénitale de l'angle supéro-externe de la rotule, une cervicarthrose sévère avec rétrécissement des canaux de conjugaison, probablement douloureuse et ayant longuement évolué ; deux traumatismes accidentels, enfin l'écrasement ancien d'un orteil et une fracture antérieure de côte avec un cal à peine constitué, c'est-à-dire intervenue peu de temps avant le décès, peut-être à la suite de lésions thoraciques, plus graves, mais sans traduction osseuse. L'homme de La Ferrassie souffrait d'une grave arthropathie chronique de l'articulation sacro-iliaque gauche dont on n'a pu déterminer la nature ; lui aussi présentait des traces de traumatisme du grand trochanter droit et de l'articulation radio-cubitale supérieure droite avec limitation des mouvements de pronosupination. La femme de La Ferrassie avait, dans son enfance, souffert d'une ostéomyélite du péroné droit ; elle souffrait depuis longtemps d'une sacralisation de la cinquième vertèbre lombaire et d'un *genu valgum* bilatéral. Sur la mandibule de Malarnaud, enfin, on observe une absence héréditaire (ou congénitale ?) des deux incisives latérales inférieures. »

Jacques Dupâquier,
Histoire de la population française,
t. 1, P.U.F., 1988.

Bien qu'inspirée du squelette de La Chapelle-aux-Saints, cette statue de l'Homme primitif, réalisée par P. Dardé en 1930, s'éloigne sensiblement de la réalité anatomique.
(Phot. © Musée national de Préhistoire, Les Eyzies.)

souffrait en réalité, on le sait maintenant, d'arthrose de la hanche, de l'épaule et du cou, ce qui devait rendre ses mouvements et ses déplacements particulièrement douloureux.

Le discrédit dont fut ainsi victime l'homme de Néandertal donna lieu à de nombreuses représentations soulignant son caractère grossier et lourd, dont la plus célèbre demeure la statue dite de l'Homme primitif, devant le musée de la Préhistoire des Eyzies-de-Tayac-Sireuil, qui résume, selon le mot d'André Leroi-Gourhan, « la somme des traditions erronées d'un siècle et demi de lutte scientifique ».

Peu perceptibles si l'on se contente d'un examen superficiel, les caractères « modernes » de notre homme deviennent manifestes dès lors

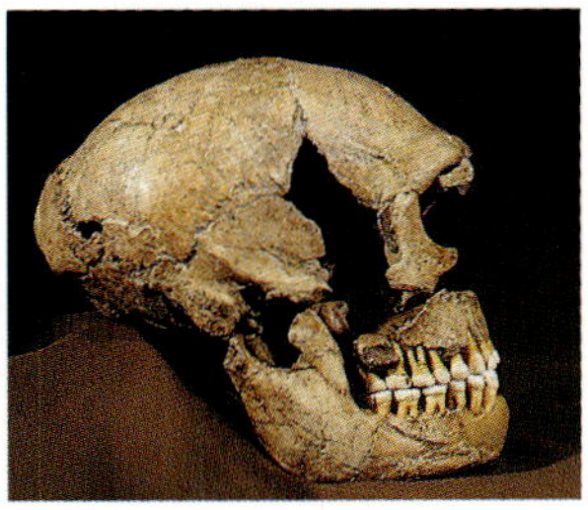

qu'on compare son cerveau, sa posture, son mode de locomotion ou son appareil masticateur à ceux de ses prédécesseurs. Comme l'écrit Jean-Paul Demoule, « dans la rue, coiffé d'un chapeau, nous ne le remarquerions même pas », car son crâne est simplement moins haut et plus allongé vers l'arrière que le nôtre.

Les Néandertaliens mesuraient entre 1,55 et 1,78 m, en moyenne 1,65 m. Ils étaient plus robustes, avec une forte charpente osseuse, et leur poids était élevé par rapport à leur taille. La musculature de leurs bras était beaucoup plus développée que la nôtre. La morphologie de l'omoplate montre en particulier l'énorme développement des muscles qui maintiennent l'articulation de l'épaule et permettent la rotation du bras.

Sur l'humérus, les insertions du grand pectoral et des muscles du dos, qui servent à escalader, à frapper ou à lancer, étaient beaucoup plus larges que chez nos meilleurs culturistes. C'est également le cas des muscles de la main. Les doigts larges et épais étaient terminés par des pulpes épaisses qui augmentaient encore la puissance de la préhension.

Enfin, bien que le pouce des Néandertaliens soit de même taille que le nôtre, ses deux phalanges étaient presque d'égale longueur alors que notre première phalange est plus longue d'un tiers. Cette particularité anatomique donnait une force extrême à la main, la préhension s'effectuant par le milieu du pouce et non pas, comme chez nous, par l'extrémité.

Robustesse et endurance, telles étaient les qualités premières de ces hommes qui devaient se déplacer sans cesse en quête de nourriture pour le groupe.

Leur visage présentait une configuration unique, avec une projection vers l'avant des mâchoires et du nez, tandis que les pommettes étaient inclinées vers l'arrière, au contraire des nôtres. Or ce qui a longtemps passé pour un caractère primitif est apparu récemment au travers de recherches nouvelles comme la conséquence d'une habitude culturelle, l'utilisation des canines et des incisives comme d'une troisième main.

Car si la denture de ces hommes est la même que la nôtre, prémolaires et molaires variant dans des proportions identiques, canines et incisives, en revanche, sont nettement plus grandes et devaient donc s'user plus lentement. Or les squelettes néandertaliens présentent des incisives et des canines usées jusqu'à la racine dès l'âge de trente-cinq ou quarante ans, ce qui laisse penser qu'elles étaient utilisées pour maintenir des objets tout autant que pour les déchiqueter.

Enfin l'espérance de vie néandertalienne était faible, les plus âgés n'atteignant pas cinquante ans et la plupart mourant avant quarante ans. Ces décès précoces peuvent aussi s'expliquer par un taux élevé de blessures liées aux risques de la chasse.

▲

Si, comme en témoigne cette reconstitution réalisée par le savant allemand Schaaffhausen (à gauche) l'on insistait au siècle dernier sur l'aspect brutal de l'homme de Néandertal (face en avant, menton prognathe), les représentations actuelles (à droite) tendent au contraire à lui donner un aspect plus proche de nous.

(À gauche et au centre, phot. © Collection musée de l'Homme. À droite, H. de Saint-Blanquat, Les Premiers Français, *Casterman, dessin © Welply.)*

L'ÉBAUCHE DE RÉGIONS

Situé sur les bords de la Vézère, l'abri supérieur du Moustier, intensément occupé durant le Paléolithique, a donné son nom au Moustérien (–135 000 à –35 000 ans).

(Phot. © Musée national de Préhistoire. Les Eyzies.)

L'énergie dont les Néandertaliens ont dû faire preuve dans leur quête de nourriture ou la maîtrise de leur environnement se retrouve aussi dans les objets qu'ils façonnent, nommés « moustériens » du nom de l'abri-sous-roche du Moustier, dans la vallée de la Vézère, quelques kilomètres avant sa confluence avec la Dordogne, un abri qui a livré en abondance des silex et des cailloux calcaires brûlés.

C'est l'homme de Néandertal, en particulier, qui va porter à la perfection la taille des éclats Levallois, remplaçant le biface par les pointes triangulaires produites à partir de petits éclats de 4 à 7 centimètres de longueur. Burins, racloirs, grattoirs, couteaux, outils à encoches pour travailler le bois complètent l'industrie « moustérienne ». Des outils mieux définis et mieux appropriés à leurs fonctions. Surtout, ces outils montrent, par leur différence d'origine géologique, que les Néandertaliens effectuaient des parcours et des choix complexes pour rechercher leur matière première. Ainsi, nombre des silex trouvés dans toute la vallée du Tarn provenaient du Verdier, au nord de Gaillac, où les gens de la région venaient s'approvisionner en apportant avec eux leurs outils de débitage. Certains silex du Périgord pouvaient avoir été transportés sur plus de 80 kilomètres.

Rationnels, les hommes de Néandertal utilisaient aussi la matière première locale pour l'outillage courant, réservant les matières plus rares et plus lointaines aux outils les plus délicats comme les pointes, qui faisaient l'objet d'une réalisation plus soignée.

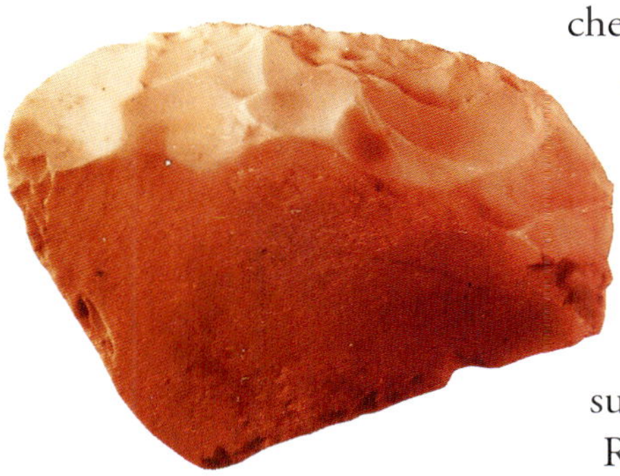

Racloir moustérien.

(Phot. J. Oster, © Collection musée de l'Homme.)

Couteau à dos naturel en silex.

(Phot. M. Delaplanche, © Collection musée de l'Homme.)

Enfin, des sortes de « frontières » commencent même à se dessiner. Au nord des vallées du Tarn et de son affluent l'Agout, on fabriquait des bifaces ; au sud, il n'y en avait aucune trace. Cela suggère un territoire, une certaine unité régionale qui peut aussi avoir été culturelle, même si, avec peut-être 4 000 habitants sur le sol de France, l'encombrement était pour le moins réduit. Autant d'interrogations qui rendent encore bien mystérieuse cette civilisation « moustérienne ».

Une civilisation d'hommes qui donnent le sentiment de parcourir de long en large cette « France » qui est leur territoire, d'en connaître par le menu les gués et les rivières, les pistes et les sites et, surtout, les bons gisements de silex. Car la pierre, ils savent l'utiliser. Pour en faire des murets ou des pavages comme celui de La Ferrassie, en Dordogne. Pour en faire aussi des murailles comme celle qui, épaisse de 3 mètres à la base et plus haute qu'un homme, fermait l'abri de Roc-en-Pail, à Chalonnes-sur-Loire, en Maine-et-Loire.

Car, au cours des périodes froides de ces longs millénaires, il a bien fallu se protéger, même si la légende de l'homme de Néandertal se terrant

LA CHASSE AU TEMPS DE L'HOMME DE NÉANDERTAL

« [...] Les armes de chasse devaient être aux époques anciennes des piques en bois à extrémité durcie au feu, comme celle de Clacton-on-Sea en Angleterre. Les deux atouts des premiers chasseurs qui sélectionnaient leur gibier étaient une excellente connaissance des animaux et de leur comportement [...] et une bonne entente de plusieurs individus.

Il est intéressant de constater l'abondance sur certains sites d'ossements de gros animaux consommés par l'homme. Dès les périodes les plus anciennes, les archéologues ont signalé la présence d'éléphants et de rhinocéros, animaux vigoureux et très dangereux. C'est le cas de Soleilhac (Haute-Loire) ; à Tautavel (Pyrénées-Orientales) une tête de rhinocéros a été amenée dans la grotte dans un but non encore éclairci.

Les ossements de rhinocéros sont même majoritaires dans des niveaux du paléolithique moyen au Mont-Dol en Bretagne, à Pair-non-Pair en Gironde ou à Rompon dans l'Ardèche. [...] D'après la découverte de la lance de Lehringen, l'homme semble avoir pu aborder ces animaux avec les armes simples mais efficaces dont il disposait comme ces Africains intrépides qui, au siècle dernier, se précipitaient sous les pattes de l'éléphant avec leur pique en bois qu'ils redressaient avec vivacité pour éventrer l'animal. Il est possible que ces animaux aient surtout été repérés morts et que leurs cadavres aient été exploités comme des charognes : ceci se faisait il y a encore peu de temps lorsqu'un cétacé s'échouait sur les rivages des mers du Nord ou de l'Atlantique. L'hypothèse d'une chasse complexe qui utilise la bonne connaissance du comportement animal, celle de la topographie des lieux, la construction de pièges simples comme des fosses et le harcèlement des hommes, est néanmoins à prendre en considération. Elle expliquerait qu'à Mauer, en Allemagne, 58 % des éléphants consommés soient de jeunes individus, plus fragiles et moins vigoureux pour sortir des pièges-fosses. Elle justifie l'absence d'armes spécifiques très meurtrières aux époques anciennes, qui n'interviennent pas dans cette pratique de chasse. Cette hypothèse est retenue aussi à Biache-Saint-Vaast (Pas-de-Calais), il y a 200 000 ans, où les hominidés s'étaient spécialisés sur la berge de la Scarpe, dans la chasse à l'ours, au grand bovidé et, accessoirement, au rhinocéros, tous animaux très dangereux. »

Jean-Pierre Mohen,
Vous avez tous 400 000 ans,
Éditions Jean-Claude Lattès, 1991.

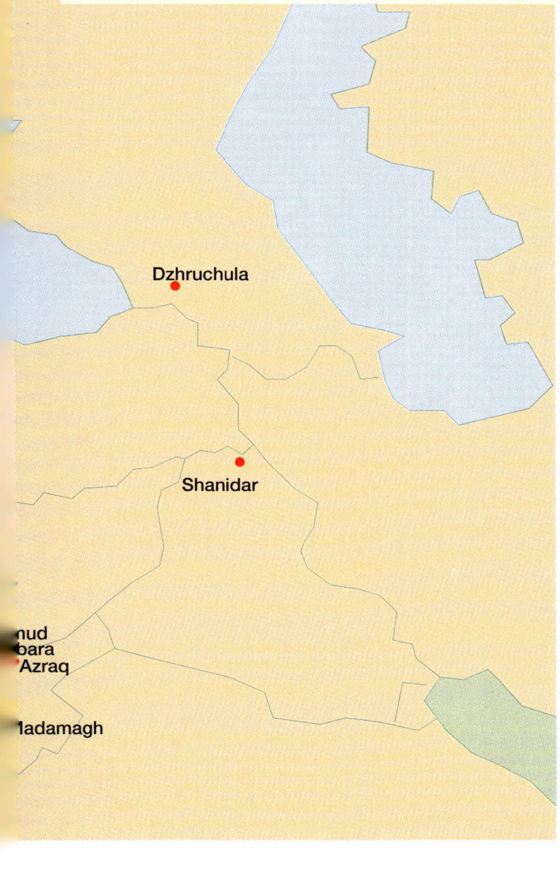

dans les cavernes est absurde. En fait, le mode de vie de ces chasseurs-cueilleurs impliquait une multiplicité de « résidences » dont on retrouve les traces, les sites d'habitat variant en fonction de plusieurs impératifs.

Les installations de plein air correspondaient à des stations brèves pour des chasseurs à la traque. À Achenheim, en Alsace, on trouve des aires de dépeçage du gibier où, sur plus de 200 mètres carrés, gisent en abondance carcasses et mandibules de chevaux et de rhinocéros, alors que peu d'outils les accompagnent. Ces outils, on les retrouve en revanche avec les nucléus, abandonnés dans ce qui devait être des ateliers de taille.

Principaux sites néandertaliens d'Europe et du Moyen-Orient (– 135 000 à – 35 000 ans).
La présence des Néandertaliens se révèle très importante en Europe occidentale, et plus particulièrement en France.

CANNIBALISME ET « HUMANITÉ »

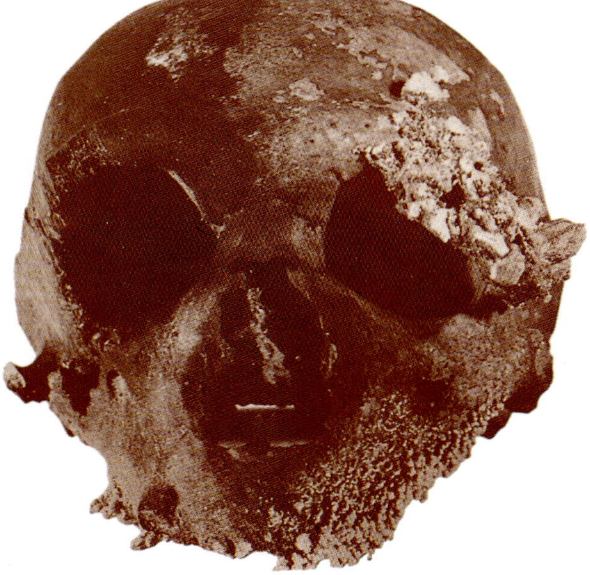

▲ *Crâne du mont Circé, en Italie.*
(Phot. © Collection musée de l'Homme.)

Un des hauts lieux de l'habitat néandertalien est la grotte de l'Hortus, à 20 kilomètres au nord de Montpellier. Elle s'ouvre sur un escarpement rocheux au pied d'une paroi abrupte de 100 mètres mais surplombe la vallée de 200 mètres. Le massif, le plateau calcaire, la vallée constituaient autant de zones de chasse offrant en abondance un gibier varié, surtout du bouquetin dont ces hommes semblaient friands. Ils se succédèrent dans cette grotte pendant des millénaires, sans s'installer de façon permanente mais en l'utilisant comme gîte temporaire de chasse, à l'abri d'un porche d'entrée, sur une grande dalle rocheuse. En arrière de cette dalle, une faille étroite, profonde de quelques mètres, recevait les déchets. Or, parmi ces déchets, se trouvaient les restes d'une trentaine d'individus, brisés et dispersés au milieu des ossements d'animaux consommés.

Selon Henri de Lumley, qui a dirigé les fouilles, ce pourrait être le témoignage d'un cannibalisme rituel. Cette hypothèse semble confirmée par les débris humains que l'on a trouvés dans les mêmes conditions dans le site de La Quina, en Charente, mais surtout dans celui de Krapina, en Croatie. Là, en effet, les « os à moelle » sont pilés alors que les autres sont intacts. La présomption est aussi forte pour le crâne du mont Circé, en Italie. Il reposait au pied d'une grotte, isolé au milieu d'un cercle de pierres, et le trou occipital avait été agrandi comme pour faciliter l'extraction du cerveau. Mais, pour d'autres préhistoriens, le crâne aurait aussi pu être perforé par les dents d'un carnassier comme la hyène.

Si cannibalisme il y eut, et c'est fort probable, les motivations nous échappent.

En effet, le cannibalisme répond exceptionnellement à des besoins alimentaires qui peuvent se manifester lors de terribles famines. Plus souvent, il témoigne d'autres préoccupations, comme la possibilité d'acquérir, par la consommation des parties nobles, cerveau, foie ou phallus, les vertus du mort.

Aussi incongru que cela puisse paraître, le cannibalisme peut aussi être considéré comme une forme de sépulture. Comme l'écrit L.V. Thomas, un anthropologue qui a multiplié les études sur les pratiques funéraires, « l'incorporation cannibalique est un procédé simple, quoique paradoxal, qui évite la corruption de la chair tout en conservant, incorporée socialement, une parcelle de l'être disparu ». Un vieux Diola, au Sénégal, ne lui fit-il pas cet aveu : « Quelle meilleure demeure pour le mort que la terre du ventre de ceux qui le mangent ? »

En fait, ces pratiques témoigneraient d'une « sensibilité » plus complexe qu'on ne pourrait le penser de prime abord, de pratiques très codifiées bien difficiles à interpréter pour cette époque.

Ainsi, le préhistorien suisse Emil Bächler avait, en 1920, avancé l'hypothèse d'un culte rendu aux ours. Dans la grotte de Drachenluch, il avait remarqué une accumulation d'ossements tout à fait particuliers : sept crânes, la gueule orientée vers l'entrée, entourés de plaquettes de pierre dessinant une sorte de caisson cubique d'un mètre de côté et coiffé d'une dalle massive. L'idée a été abandonnée mais une découverte spectaculaire dans la grotte du Régourdou, en Dordogne, a reposé la question.

Dans cette tombe recouverte d'un tertre protecteur, on a mis au jour, en effet, un ensemble de structures faites de fosses et de coffrages de pierres amassées et contenant des ossements d'ours.

À proximité d'une fosse recouverte d'une dalle de plus de 800 kilos, qui contenait un squelette d'ours brun, gisait un squelette humain accompagné de quelques outils et d'un bois de cerf.

Dans la mesure où les ossements de l'ours étaient complets et soigneusement disposés, même s'ils n'occupaient pas leur position anatomique, l'ensevelissement revêt bien un caractère intentionnel même si sa motivation reste, là encore, mystérieuse.

▲ *L'homme de Menton.*
Ce squelette masculin retrouvé dans l'une des grottes de Grimaldi, près de Menton, porte sur le crâne de nombreux petits coquillages, qui devaient probablement être fixés à l'origine par une sorte de résille.
(Phot. © Collection musée de l'Homme.)

LES PREMIÈRES SÉPULTURES HUMAINES

La mort est désormais devenue une des préoccupations de l'homme, à tel point qu'on peut souscrire à l'affirmation de l'historien Pierre Chaunu : « L'histoire commence vraiment avec la tombe. » Car c'est bien l'attitude nouvelle des hommes de Néandertal face à la mort qui en fait de véritables hommes « modernes », voici plus de 100 000 ans.

Ce furent eux, en effet, qui creusèrent les plus anciennes tombes, dont la première fut découverte en 1908 par trois abbés, les pères L. Bardon et J. et A. Bouyssonie, dans la grotte corrézienne de La Chapelle-aux-Saints.

C'était une fosse rectangulaire de 1,50 m sur 1 mètre, profonde de 30 centimètres et creusée dans un sol de marne blanche. D'après la description des abbés, le corps était couché sur le dos, la tête à l'ouest et calée par quelques pierres, le bras gauche étendu et le droit plié, la main vers la tête, les jambes repliées et renversées vers la droite. Près de la tête, se trouvait l'extrémité d'une patte postérieure de bovidé dont les os en connexion donnaient, selon les abbés, « la preuve évidente que la patte avait été posée là avec sa chair, peut-être pour la nourriture du mort ».

À la même époque, Denis Peyrony commençait à La Ferrassie une série de découvertes qui allaient s'échelonner jusqu'en 1920. Ce fut d'abord les squelettes de deux adultes, un homme et une femme, gisant côte à côte, en position fléchie. À quelques mètres, deux petites fosses contenaient des restes d'enfants, l'une d'un enfant d'une dizaine d'années, l'autre de deux nouveau-nés.

En 1920, il découvrit, dans une autre fosse fermée par une dalle calcaire, le squelette d'un enfant de trois ans. Le crâne, sans mandibule, se trouvait à 1,50 m du corps, hors de la fosse. À cela, il faut ajouter les débris d'un fœtus humain dans une petite dépression.

Ce type de sépulture, repéré de l'Ouzbékistan à l'Italie et jusqu'en Israël, témoigne bien d'une inhumation volontaire. Non seulement les hommes de Néandertal se préoccupaient de donner une sépulture à leurs morts mais ils semblaient aussi entretenir avec eux des relations faites de respect et, pourquoi pas, d'amour. Peut-on dire pour autant qu'ils avaient une religion et pensaient à l'avenir du disparu ? Difficile, en l'état actuel de nos connaissances, d'en comprendre les possibles rituels.

Nous pouvons seulement constater que, dans la mesure où les sépultures concernaient

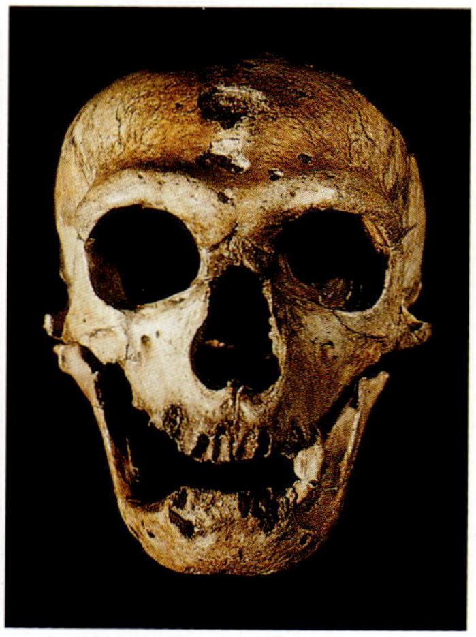

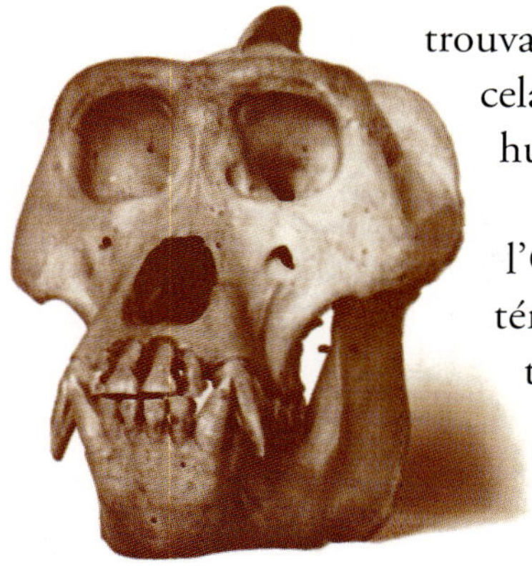

▲ *La comparaison entre le crâne d'un Néandertalien (à gauche) et celui d'un gorille (à droite), découverts à La Chapelle-aux-Saints, témoigne de l'évolution anatomique progressive de l'homme par rapport aux primates dont il est issu : réduction des canines, apparition d'un front et accroissement du volume du cerveau.* (À droite, phot. © Collection musée de l'Homme. À gauche, phot. © Boyer-Viollet.)

hommes, femmes et enfants, il n'y avait pas de discrimination en fonction du sexe ou de l'âge. En revanche, si la disposition du corps des enfants semble « désordonnée », les adultes étaient couchés sur le dos ou sur le côté, en chien de fusil.

L'autre interrogation concerne les dépôts d'« offrandes » accompagnant le squelette. À La Ferrassie, trois racloirs disposés au-dessus du squelette invitent à penser que ces « offrandes » n'étaient pas seulement alimentaires. Dans le gisement du Régourdou, l'homme reposait sur un lit de pierres plates, recouvert par d'autres blocs parmi lesquels avaient été aussi disposés des éclats, des racloirs et des nucléus.

▲ *Sépulture d'enfants, dans la grotte des Enfants (Grimaldi, près de Menton). La présence autour de leur bassin de nombreux coquillages qui forment une parure pourrait indiquer un statut social particulier.*

(*Musée des Antiquités nationales, Saint-Germain-en-Laye. Phot. © Réunion des musées nationaux.*)

De même, dans la grotte de Shanidar, en Irak, l'inhumation aurait donné lieu, selon l'analyse des pollens menée par Arlette Leroi-Gourhan, au dépôt du corps sur une litière de tiges d'éphédra garnie de fleurs jaunes de séneçon et de fleurs bleues d'une liliacée.

Toutes ces découvertes dissipent le cliché d'un homme de Néandertal brutal et fruste. Premier à enterrer ses morts, il a été aussi le premier à prendre soin des infirmes qui ne pouvaient concourir à la quête de nourriture pour le groupe comme cet homme retrouvé à Shanidar, en Irak, qui a survécu plusieurs années avec de graves handicaps : il était borgne, avait un bras atrophié et souffrait d'arthrose de la jambe.

Solidaire, l'homme de Néandertal est également curieux, ce que semble indiquer l'ébauche d'activités désintéressées comme le ramassage et le transport d'objets sans utilité pratique, morceaux de cristaux, pyrites ou fossiles.

Comment faut-il aussi interpréter le fait que beaucoup de sépultures révèlent des traces d'ocre rouge, cette matière colorante qui connaîtra une telle importance dans le développement ultérieur de l'art ?

Reste le mystère du langage. Cette question, objet de nombreux débats, a été relancée par la découverte, dans une sépulture du site de Kébara, en Israël, d'un os hyoïde vieux de 60 000 ans, semblable par la forme et la taille à celui d'un homme moderne.

Ce petit os, en forme de U, localisé au-dessus du larynx, entre la mandibule et la colonne vertébrale, est le point de repère en ce qui concerne la position anatomique de l'appareil vocal, simplement parce que l'épiglotte, le cartilage le plus haut placé du larynx, et les cordes vocales sont toujours situées sous l'os hyoïde.

Si l'acquisition du langage articulé était démontrée, ce serait une autre preuve d'un comportement culturel « avancé ».

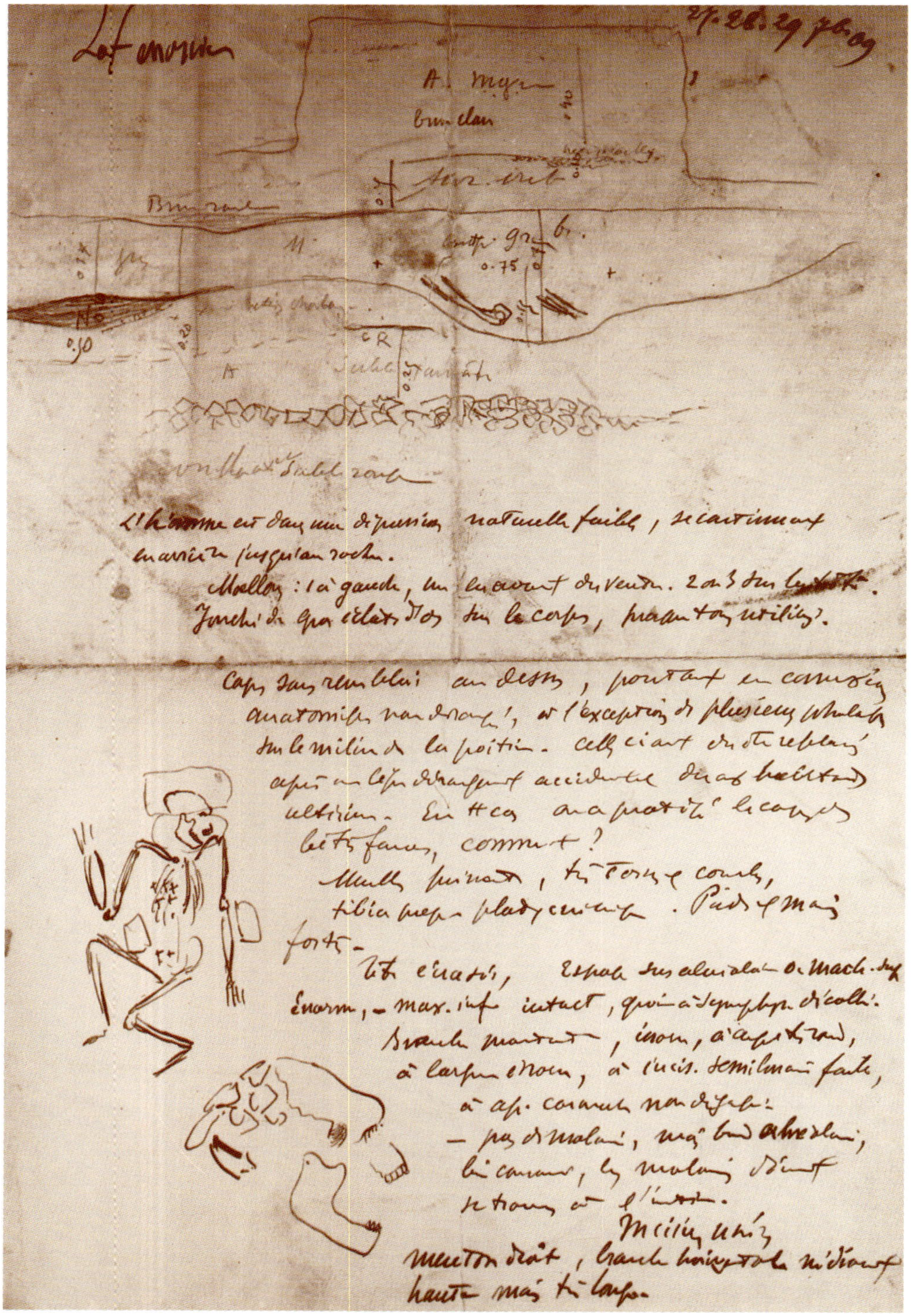

Procès-verbal, établi en 1909 par l'abbé Breuil, d'une sépulture néandertalienne à La Ferrassie (que l'on peut comparer avec la photo de la page 28).
On doit à l'abbé Henri Breuil (1877-1961), surnommé « le pape de la préhistoire », une classification des cultures matérielles du Paléolithique ainsi que des travaux sur l'art préhistorique.

(Phot. © Collection musée de l'Homme.)

LA DÉCOUVERTE DES PREMIÈRES SÉPULTURES (GROTTE DE LA FERRASSIE)

« [...] Nous procédâmes alors avec la plus grande lenteur et d'infinies précautions, en commençant par les membres inférieurs, à une véritable dissection du squelette, dégageant simplement les os mais les laissant en place. Avançant ainsi de proche en proche, nous découvrîmes le squelette entier qui nous apparut alors tel qu'il avait été placé en ce point par ses contemporains, les moustériens, étendu sur le dos, le tronc légèrement incliné à gauche, les jambes fortement repliées sous les cuisses, celles-ci à demi fléchies sur le bassin, les genoux tournés vers la droite, le membre supérieur gauche le long du corps, la main gauche au niveau de la hanche gauche, le bras droit plié et la main droite à peu près au niveau de l'épaule, la tête tournée à gauche, la mâchoire largement ouverte.

Tous les os du squelette, parfois brisés par le poids énorme des terres qui le recouvraient, étaient en place, dans leurs connexions anatomiques et encore solides. Les os du pied et de la main droite seuls avaient été déplacés, probablement par un petit carnassier ou un rongeur, et ont en partie disparu.

Toutes les constatations ayant été minutieusement faites, les photographies prises, nous enlevâmes avec le plus grand soin les os des membres. Puis, ayant creusé une rainure profonde tout autour du bassin, nous recouvrîmes les os de papier d'étain puis d'une épaisse calotte de plâtre. En creusant alors lentement au-dessous, nous pûmes faire basculer le bloc et l'enlever ainsi tout entier.

La même opération nous permit d'extraire ce qui restait du thorax, puis, en troisième lieu – et ce avec un soin tout spécial –, le crâne et un large volume du terrain autour et au-dessous, le tout entouré d'une forte enveloppe de plâtre.

Ces diverses parties pourront donc être remontées sans qu'il y en ait une seule parcelle égarée, puisque toute la terre les enveloppant restera à leur contact jusqu'au moment de la préparation dans le laboratoire. C'est également la première fois que semblable méthode, identique à celle des paléontologistes, est employée pour la récolte d'ossements humains fossiles. C'est également la première fois qu'un squelette aussi ancien, trouvé en position stratigraphique aussi précise et aussi indiscutable, a pu être photographié au moment même de son exhumation et avant toute manipulation.

Nous avons, avec nos savants amis, longuement discuté, sur place, les conditions qui avaient dû présider au dépôt de ce corps sur ce point au début de l'époque moustérienne. Nous avons été unanimes pour repousser l'idée d'une mort accidentelle en ce lieu, le cadavre étant resté sur place. Rien dans le terrain n'indique un effondrement à ce moment; puis il y avait là un grand abri très habité (les débris archéologiques l'indiquent); le sujet n'a donc pu être isolé en ce point. D'ailleurs il eût été rapidement et infailliblement dévoré par les hyènes.

Nous avons pensé qu'il avait dû y avoir là un rite funéraire. Le cadavre aurait été placé dans un coin de l'abri, sur une partie du sol légèrement déclive vers la paroi, et près de cette paroi. Le sol était formé par les débris usagés et les foyers des habitants antérieurs, les acheuléens. (Il avait une coloration jaune, tandis que celui qui entourait le squelette est brun rougeâtre.)

Le cadavre avait eu les jambes fortement ployées, suivant le même rite probablement que les squelettes négroïdes des couches inférieures de la grotte des Enfants de Menton. Les trois pierres dont nous avons parlé ci-dessus avaient peut-être été placées intentionnellement, l'une sur la tête et les deux autres sur les épaules. Peut-être aussi, les os d'animaux martelés avaient-ils été volontairement étendus sur lui, conformément à un rite spécial. Il avait ensuite été recouvert, soit de branchages, soit de peaux, peut-être d'un peu de terre et de débris formant le sol. »

Joseph Capitan et Denis Peyrony,
Revue de l'école d'anthropologie,
1911

Bien sûr, le fait que ces hommes possédaient les bases anatomiques du langage articulé ne signifie pas qu'ils aient réellement utilisé le langage.

Reste que l'hypothèse soulevée par les données provenant du fossile de Kébara confirmerait le niveau de développement culturel relativement élevé atteint par l'homme de Néandertal, que ce soit dans l'évolution des outillages, dans les stratégies de chasse, dans le choix des grottes pour l'habitat de longue durée et, surtout, dans la manifestation de pratiques funéraires.

Autant de preuves indirectes de la capacité de ces hommes à communiquer au moyen du langage, même sur des sujets aussi abstraits que la tradition et la mort.

POURQUOI L'HOMME DE NÉANDERTAL A-T-IL DISPARU ?

Les Néandertaliens ont disparu pratiquement sans descendance, très peu, sinon aucun, de leurs caractères génétiques ayant été transmis aux hommes « modernes » qui allaient progressivement les remplacer sur le sol de France.

Mais cette disparition, mal expliquée, est aujourd'hui interprétée en termes nouveaux.

Selon l'explication traditionnelle, l'homme de Néandertal se serait éteint entre 40 000 et 35 000 ans pour être remplacé par l'*Homo sapiens sapiens*, un homme identique à nous-mêmes, biologiquement et intellectuellement supérieur à son prédécesseur.

Les plus anciens spécimens de ces hommes modernes apparaissent en Afrique, il y a peut-être 200 000 ans. On les retrouve au Proche-Orient il y a 100 000 ans, en Australie il y a 50 000 ans, dans les Balkans il y a 40 000 ans. Ils prennent possession de la France vers 35 000 ans avant notre ère.

Le plus ancien de ces hommes semble bien être celui qui a été identifié au lieu dit Cro-Magnon, dans le sud-ouest de la France, où plusieurs tombes ont été découvertes en 1868 près du village des Eyzies-de-Tayac. L'étude des ossements, confiée alors à un médecin célèbre, Paul Broca, servit de référence pour décrire ces hommes « nouveaux ». Leur taille était supérieure à 1,75 m. Le crâne, de forte capacité, était allongé d'avant en arrière et doté d'arcades sourcilières assez moyennes. Le nez était étroit et le menton saillant. Tous les os des membres indiquaient une assez grande robustesse.

Dans la mesure où cette nouvelle « race » semblait apporter une civilisation supérieure, on imagina que les hommes de Cro-Magnon avaient

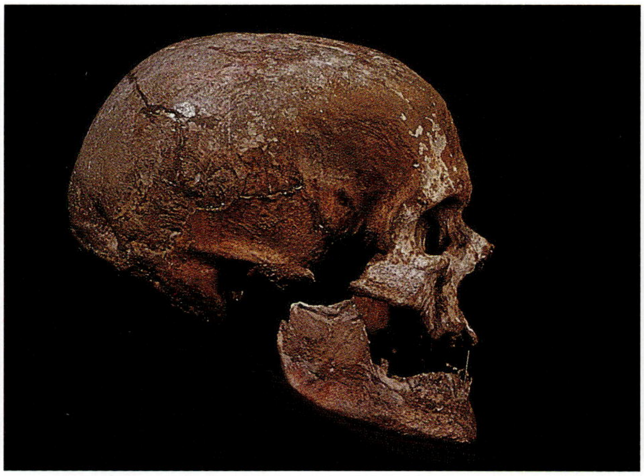

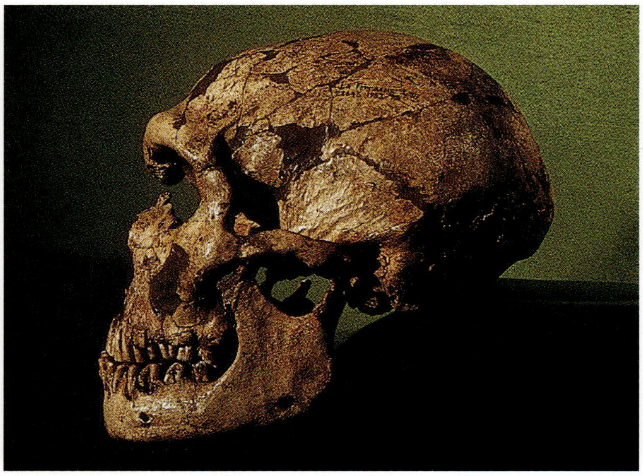

▲ *Le crâne de l'homme de Néandertal découvert à La Ferrassie (à droite) montre de nettes différences (bourrelets sus-orbitaires, front incliné, boîte crânienne à la voûte basse et allongée), avec le crâne de l'homme de Cro-Magnon (à gauche). Toutefois ces deux types humains ont été contemporains vers 30 000 avant notre ère.* (Phot. J. Oster, © Collection musée de l'Homme.)

LA RÉVOLUTION DU LANGAGE

« [...] Vers 400 000 ans, les principes du langage moderne semblent acquis, avec les voyelles universelles typiques de notre espèce. Ce qui ne veut pas dire que l'homme de Tautavel utilisait un langage châtié ! L'homme de Néandertal, « successeur » de Tautavel, n'avait pas une très grande agilité verbale. Il devait pour certains auteurs s'exprimer d'une façon nasillarde et avec une lenteur désespérante ! Peut-être même que son interlocuteur devait éprouver des difficultés à suivre une conversation normale. Il avait aussi des déficiences dans son mode cognitif et logique. Mais, à partir de 100 000 ans, l'homme possède les mêmes possibilités de langage articulé et de pensée logique que nous. C'est la fin d'un long processus qui a commencé vers 400 000 ou 500 000 ans. Ce processus est capital et a tous les aspects d'une révolution culturelle d'une importance extrême.

Grâce au langage articulé, l'*Homo sapiens* va faire un bond en avant. Le langage implique une capacité de réflexion. L'homme sait ce qu'il va dire avant de parler. Il réfléchit. Cette réflexion permet d'agir en fonction d'une finalité, d'analyser les choses, de les décrire, d'en faire la synthèse actuelle pour ensuite proposer un plan d'action. Plus l'homme réfléchit rapidement, plus il est capable d'agir.

Le langage humain constitue une adaptation supplémentaire. Grâce à la bipédie, l'homme a libéré ses mains porteuses et utilisatrices de l'outil. Le langage, qui permet la communication, est un moyen de stockage du temps. Il est le véhicule de nos pensées, de nos actions, de notre apprentissage. Il va rendre l'homme encore plus sociable et solidaire. »

Jean-Pierre Mohen,
« Et l'homme devint sociable »,
Notre histoire, n° 91, juillet-août 1992.

éliminé, à la suite d'un véritable massacre, les Néandertaliens, incapables de rivaliser avec ces « envahisseurs ».

Cependant, la découverte, en 1979, d'un squelette néandertalien à Saint-Césaire, près de Saintes, en Charente-Maritime, a mis à mal cette hypothèse. Cet homme, on ne peut plus néandertalien, a en effet été trouvé là où on ne l'attendait pas, dans un niveau dont la date peut être estimée à 32 000 ans, accompagné d'objets qui témoignent d'une nette évolution vers la « modernité », comme des pointes fines, des lames à dos ou des grattoirs. Cela signifie tout simplement que l'homme de Néandertal a cohabité avec l'homme de Cro-Magnon pendant peut-être 8 000 ans.

Ainsi, ces hommes auraient évolué parallèlement et subi les mêmes contraintes d'un environnement écologique en pleine mutation. Quelle catastrophe a donc atteint les seuls Néandertaliens? Même étalée sur un ou deux millénaires, cette disparition est rapide à l'échelle zoologique. Or il n'y a aucune trace de « génocide » ou de dégénérescence.

Récemment, on a avancé l'idée que les nouveaux arrivants, porteurs, sinon de la grippe, du moins des germes de la sphère pharyngée, auraient fait des ravages chez les Néandertaliens, dont les sinus, très vastes, n'auraient pas supporté ces infections.

Il suffisait, par exemple, d'un léger désavantage démographique, de l'ordre de 1 à 2 % de taux de mortalité supplémentaire pour qu'en trente générations, c'est-à-dire en 1 000 ans, l'homme de Néandertal disparaisse complètement.

De l'étude comparative des dents de l'une et l'autre population, on a aussi observé que trois Néandertaliens sur quatre souffraient d'un amincissement de l'émail dû à une carence alimentaire alors que les hommes de Cro-Magnon n'étaient que 30 % à souffrir des mêmes maux, ce qui révélerait une meilleure nutrition et, sans doute, des techniques de chasse plus efficaces. Certes, les Néandertaliens étaient capables de faire évoluer leurs techniques mais ils n'auraient pas tenu la distance !

En fait, il y a tout lieu de penser que les deux « races » ont coexisté pendant une très longue période, la plus ancienne se fondant lentement dans la nouvelle. Ce serait la première et véritable époque d'assimilation qu'auraient vécue les habitants de la France.

« L'HOMME DES CAVERNES »

Après s'être vu dénié la qualité d'ancêtre de l'homme moderne, le Néandertalien, au fur et à mesure que la théorie de l'évolution gagnait de nouveaux partisans, a été pendant très longtemps un véritable « banni » de l'Histoire, tenu pour une sombre brute, pas très évoluée, plus proche du chimpanzé que de l'*Homo sapiens.* Dans les travaux publiés au XIXe siècle, il est décrit comme «grossièrement bâti», «le front et le menton fuyants», la «face vulgaire», le «poil hirsute» couvrant la plus grande partie du corps, un «immigré» en somme dans une France qui lui servira de terre d'accueil pendant près de 100 000 ans.

Cependant, aussi étonnant que cela puisse paraître, cette vision traditionnelle de l'« homme des cavernes » survit malheureusement non seulement dans de nombreux manuels scolaires, mais également dans l'imaginaire collectif. Un mythe qui a la vie dure et qui pose la question de savoir si le fait de travestir ainsi la réalité n'est pas un moyen facile de se rassurer sur les mérites de notre société.

Une chasse aux mammouths, *gravure, 1878. (Phot. Collection Viollet.)*

Alors que l'on venait de découvrir la calotte crânienne de Néandertal (1856) et les restes humains de Cro-Magnon (1868), que nombre de scientifiques se refusaient à y voir des ancêtres de l'homme moderne et qu'ils niaient jusqu'à l'existence de l'art préhistorique, les peintres et les dessinateurs ne se privaient pas de faire fonctionner leur imagination pour représenter ces pauvres hères primitifs, rassemblés pour la chasse aux mammouths ou aux rennes, ou bien occupés à faire du feu au fond d'une grotte.

La Conquête du feu, *d'Émile Bayard, 1869. (Phot. © Boyer-Viollet.)*
Les Chasseurs, *de Fernand Cormon, 1898. (Phot. © Roger-Viollet.)*

CHAPITRE

3

LA DÉCOUVERTE DE LA FEMME

Sculptée dans l'ivoire entre 29 000 et 22 000 ans avant notre ère, la « Dame à la capuche », découverte en 1894 à Brassempouy, dans les Landes, est une œuvre rare dans la mesure où, contrairement aux autres statuettes de la même époque, les traits du visage sont esquissés. Quant à la masse quadrillée qui entoure la tête, il s'agit peut-être moins d'un couvre-chef que d'une disposition élaborée de la chevelure. Constituant l'une des premières représentations du visage humain, elle s'impose comme la manifestation spectaculaire d'un art dont l'invention caractérise les brillantes civilisations des hommes de Cro-Magnon, qui physiquement sont déjà très proches de nous.

◄ *La « Dame à la capuche » découverte à Brassempouy (Landes). Hauteur : 36,5 mm. (Musée des Antiquités nationales, Saint-Germain-en-Laye. Phot. © Réunion des musées nationaux.)*

LES HOMMES DU FROID

Vers 35 000 ans avant notre ère, les Néandertaliens cèdent donc la place aux hommes de Cro-Magnon.

À cet égard, les possibilités qu'offre aujourd'hui la biologie moléculaire, en particulier les études sur l'A.D.N., le support de l'hérédité, ou sur les groupes sanguins, révèlent de manière stupéfiante la profonde homogénéité de l'humanité actuelle, c'est-à-dire son origine commune vraisemblable.

Les « races » que nous définissons aujourd'hui selon la couleur, les Noirs, les Jaunes ou les Blancs, n'ont en fait aucune justification génétique. Elles résultent simplement de l'action des rayons ultraviolets sur la peau et de l'implantation géographique de nos ancêtres communs ces 20 000 dernières années. Une misère à l'échelle du temps historique.

Autant dire aussi que les Français d'aujourd'hui conservent dans leurs « gènes » les sensibilités de ces hommes de Cro-Magnon.

Même si le climat changea bien souvent au cours de cet « âge d'or » long de vingt-cinq millénaires, de 35 000 à 10 000 ans avant notre ère, l'homme de Cro-Magnon est avant tout un homme du froid qui a vécu une des périodes les plus rudes de l'histoire cyclique du climat terrestre.

La carte de la France, et plus généralement de l'Europe, se divisait alors en trois grandes zones. La première était constituée d'une calotte de glace, non salée, à l'opposé de la banquise, qui couvrait la terre ferme jusqu'à une limite fluctuant autour d'un axe Berlin-sud de l'Angleterre. Un mur blanc bordait ainsi la France au nord de ses limites actuelles. La Manche n'existait pas, le niveau de la mer étant 110 mètres plus bas qu'aujourd'hui.

▲ *« Faon aux oiseaux », fragment d'un propulseur (Bédeilhac, Ariège). Connu comme « faon aux oiseaux », cet objet représente en fait un bouquetin. La présence du bouquetin, originellement habitant des montagnes, dans les régions basses témoigne de l'extension des glaciers au Paléolithique supérieur.*
(Musée des Antiquités nationales, Saint-Germain-en-Laye. Phot. © Réunion des musées nationaux.)

En fait, les rivages de la côte « française » avançaient de plusieurs dizaines de kilomètres vers l'ouest, sur l'actuel plateau continental. Ainsi la Loire se jetait dans l'Océan à plus de 150 kilomètres au sud-ouest de Saint-Nazaire tandis que de nombreuses îles actuelles se trouvaient rattachées au continent, telles Oléron, Noirmoutier, Ré ou bien encore Ouessant, qui se trouvait à 50 kilomètres du littoral.

Au sud de cette muraille de glace s'étendait, jusqu'au milieu de la France, un désert périglaciaire abritant peu d'animaux, encore moins d'hommes. Recouvertes totalement de glace pendant le long hiver, certaines parties pouvaient dégeler en été. Pendant quelques semaines, il y poussait alors une végétation éphémère proche de celle du nord du Canada. Les températures variaient de + 5 °C à – 50 °C, voire – 70 °C.

Domaine de la steppe ou de la toundra, le sol était balayé par des vents chargés de poussière. En se déposant sur des mètres d'épaisseur, celle-ci formait des sables et des limons très fins qu'on appelle lœss et qui couvraient des centaines de kilomètres carrés de la Bretagne à l'Alsace. L'arbre et les herbes y étaient rares : quelques pins sylvestres et des pissenlits. En fait, notre « France du Midi » était la zone la plus hospitalière. Certes, comme le reste de l'Europe, elle était soumise aux influences glaciaires, mais le dégel régulier durait plusieurs mois et assurait le développement d'une végétation permettant aux hommes de côtoyer mammouths, rhinocéros laineux et rennes.

La température y était d'environ 15 °C en été. Cette zone recouvrait toutefois des régions ayant des différences assez nettes.

Dans les Alpes, la mer de Glace n'existait pas puisque, épais peut-être de deux bons kilomètres supplémentaires, un vaste plateau glaciaire, dont le mont Blanc ne devait constituer que le principal renflement, recouvrait l'ensemble des massifs montagneux.

▲ *Ensemble de mammouths et de bouquetins (Rouffignac, Dordogne).*
La précision des détails dans le dessin du mammouth, notamment l'indication de la double paupière ou l'évocation du diamètre des défenses par une double ligne, montre que l'artiste était en contact régulier avec cette espèce.
(Phot. M.O. et J. Plassard.)

LES ANIMAUX DU FROID

Si le mammouth apparaît comme l'animal emblématique de cet âge glaciaire, la faune que côtoyaient les chasseurs de cette époque était fort diverse : ours, rhinocéros laineux, hyène des cavernes, mégacéros, antilope saïga, bœuf musqué, cheval sauvage, bison des steppes, autant d'espèces variées qui, de nos jours, soit ont disparu soit vivent sous des climats différents.

Bisons croisés (Lascaux, Dordogne). Le bison préhistorique pouvait atteindre 2 mètres de haut et possédait une bosse au niveau du garrot. Cette peinture représente deux bisons mâles qui s'intimident lors de la saison du rut. La mue de l'animal de gauche a été figurée, la laine d'hiver cédant devant la toison plus colorée de l'été. À noter aussi l'effort manifeste de l'artiste pour rendre la perspective, visible au niveau des pattes. (Phot. A. Glory, © Collection musée de l'Homme.)

Panneau des chevaux (grotte Chauvet, Ardèche).
Outre les chevaux, l'artiste a représenté des aurochs et des rhinocéros. Ayant de longues cornes dirigées vers l'avant, l'aurochs préhistorique mesurait 2 mètres et pesait jusqu'à 1 300 kilos.
Autre animal dont la chasse s'avérait dangereuse, le rhinocéros laineux disparut comme le mammouth à la fin de l'ère glaciaire.
(Phot. © G.L.M.R.)

Mammouths superposés derrière un cheval (grotte Chauvet, Ardèche).
Possédant une grosse bosse, véritable réserve de graisse, ainsi qu'une fourrure de laine épaisse, le mammouth, qui mesurait plus de 3 mètres, était bien adapté au climat de l'Europe glaciaire. Le cheval préhistorique, assimilé au cheval de Prjevalski, constituait une prise de choix pour les chasseurs : la chair était consommée, la peau utilisée pour les vêtements, la crinière pour les cordelettes et la graisse comme combustible, tandis que les dents servaient à la parure. (Phot. © G.L.M.R.)

En Corse, comme dans le Massif central, les glaciers descendaient jusque vers 900 mètres. La vallée du Rhône était ouverte aux grands vents et au froid arctique.

Le Sud méditerranéen était donc le plus favorisé même si, là encore, de nombreuses variations climatiques pouvaient se faire sentir, affectant notamment la végétation. Ainsi dans les périodes froides, la Côte d'Azur, qui présentait alors une couverture végétale pratiquement identique à celle des Vosges, se couvrait d'armoises et d'éphédras, auxquels succédaient, lors des réchauffements, des chênes verts, des pins d'Alep et des oliviers.

Avec une température des eaux, en été, inférieure à 5 °C dans le golfe de Gascogne, la présence d'icebergs en juillet jusqu'au nord des côtes de l'Espagne était plus que probable.

Au bord de la Vézère, dans un paysage de toundra enneigée, on pouvait voir des troupeaux de rennes voisinant avec de jeunes mammouths.

Concentrés sur un grand quart sud-ouest de la France, les hommes étaient donc soumis à l'alternance de tempêtes glacées et de courts redoux, au cours desquels nos fleuves d'aujourd'hui ressemblaient à de véritables mers roulant furieusement de terribles remous sur toute la largeur de leur vallée.

Pourtant (est-ce une manifestation du miracle géographique français ?), tous les sites de cette période ont fourni des pollens d'arbres. Bien qu'en faible quantité, ils subsistaient à peu près partout, même dans les régions les plus rudes. Et c'est au cours des étés que se développait une faune exubérante qui jamais par la suite n'atteindra une telle diversité.

Aussi, les préhistoriens considèrent que nos ancêtres vivaient finalement « heureux » dans cet environnement qu'ils maîtrisaient comme le font les Esquimaux actuels, bien protégés, bien adaptés et habitués au froid.

▲ *Tête de bison sculpté en bas relief (Angles-sur-l'Anglin, Vienne).* (Phot. © Réunion des musées nationaux)

◄ *Homme attaqué par un ours, gravure sur galet (Péchialet, Dordogne). Ce thème est assez fréquent dans l'art paléolithique. Est-ce pour rappeler les dangers encourus ou pour mieux les exorciser ?* (Musée des Antiquités nationales, Saint-Germain-en-Laye. Phot. © Lauros-Giraudon.)

CHASSEURS DE RENNES

On compte un peu plus de 10 000 hommes sur le territoire actuel de la France, répartis en trois cents campements environ. Leur densité est très forte en Guyenne, dans les Charentes, autour de la Vienne, de la Creuse et du bas Rhône mais plus clairsemée dans le Midi méditerranéen, le Bassin parisien au sens large, le bassin inférieur de la Loire et sur les côtes de Bretagne. En basse Normandie et dans le Nord, si proche de la calotte glaciaire, les populations sont fort rares.

Même s'il faut se garder de généraliser, à partir de fouilles isolées mais exemplaires, le mode de vie de ces populations qui ont vécu plus de deux cents bons siècles sur un espace où les différences géographiques étaient sensibles, les recherches menées par André Leroi-Gourhan au lieu dit Pincevent, près de Montereau, en Seine-et-Marne, puis les fouilles d'Étiolles, dans l'Essonne, et de Verberie, dans l'Oise, permettent d'entrer dans le quotidien de ces nomades chasseurs qui ont campé là, voilà 15 000 ans, à l'époque qu'on appelle magdalénienne.

En effet, grâce à de nouvelles méthodes de fouilles qui ne concernent plus seulement l'étude des ossements des animaux ou la datation des outils, mais également la reconstitution des surfaces d'habitat, l'analyse des déchets et des objets, de leur répartition spatiale, de leur degré d'usure, ou bien encore d'indice moins directement identifiables, comme la présence de poussière d'ocre rouge, on peut restituer de manière incroyablement précise la vie de ces hommes et de ces femmes qui, près de la Seine, sur les plages de limon, avaient monté deux ou trois tentes pour y venir durant la

▲ *Sagaies et harpons. Ces pointes en os s'ajustaient sur des hampes en bois.*
Elles pouvaient être fixées solidement ou, comme sur le harpon, se détacher de leur hampe après avoir pénétré le corps de l'animal, n'y restant reliées que par une lanière.
Le procédé permettait au pêcheur de fatiguer le poisson avant de le tirer hors de l'eau sans risquer de briser l'arme.
(Musée des Antiquités nationales, Saint-Germain-en-Laye. Phot. © Réunion des musées nationaux.)

Propulseur représentant un « cheval sautant » (Bruniquel, Tarn-et-Garonne). La puissance d'impact de la sagaie est augmentée par le propulseur. Un chasseur expérimenté peut ainsi atteindre un cerf à plus de 30 mètres. (Musée des Antiquités nationales, Saint-Germain-en-Laye. Phot. © Réunion des musées nationaux.)

bonne saison chasser et manger surtout du renne.

Ainsi, à partir de l'examen des dents des animaux, qui permet de déterminer leur âge (les animaux naissant toujours au printemps), on a pu préciser la date de leur mort (pour la plupart en été ou au printemps), ainsi que le nombre minimal de rennes consommés durant le séjour estival à Pincevent, à savoir douze ou quatorze, dont sept jeunes.

La chasse est une activité organisée qui mobilise la communauté. Cachés depuis la rive opposée, les chasseurs qui guettaient les troupeaux traversant la Seine à cet endroit étaient armés de sagaies et de harpons en bois de renne fichés dans une hampe en bois. Ils utilisaient aussi, pour améliorer la justesse du tir et la force de pénétration du projectile, un propulseur, souvent admirablement décoré. Pour approcher les animaux, ils devaient employer la ruse et, par exemple, imiter le brame du mâle pendant la période du rut. Ou, comme les Amérindiens pour la chasse au bison, ils pouvaient, recouverts d'une peau de bête, ramper à contre-courant et sous le vent vers le troupeau et, arrivés à bonne distance, lancer leur arme. Cette ruse, ils l'ont d'ailleurs gravée sur un bois de renne découvert à Laugerie-Basse, en Dordogne.

Mais nos hommes, pour nourrir une population qui pouvait bien dépasser trente personnes

Fragment d'un bâton en bois de renne orné de cerfs et, entre leurs pattes, de saumons (Lortet, Hautes-Pyrénées). Associant les produits de la pêche et ceux de la chasse, la nourriture des Magdaléniens, riche en protéines, convenait à leur vie active. (Musée des Antiquités nationales, Saint-Germain-en-Laye. Phot. © Lauros-Giraudon.)

PINCEVENT : L'ÉMOTION DU PRÉHISTORIEN

« Lorsque, après de longues semaines de dissection minutieuse, le sol de l'habitation I de Pincevent a été découvert dans son entier, la vision était celle d'un campement abandonné depuis quelques jours à peine. Les foyers garnis de leurs pierres semblaient à peine refroidis. Les ossements qui jonchaient le sol paraissaient fraîchement poussés au pied au hasard des allées et venues des habitants et formaient ces pistes ou des franges autour des feux. Les amas de silex dénotaient avec une extraordinaire réalité l'activité du débitage, alors que la nappe d'ocre rouge et les cendres dessinaient sur l'argile des formes qui trahissaient en négatif l'emplacement d'un mobilier à jamais disparu. Le visiteur le moins préparé éprouvait la même émotion que nous devant ce témoignage intact des moments qu'avaient vécus autour de ces trois foyers, il y a dix ou douze mille ans, un groupe de chasseurs... »

A. Leroi-Gourhan,
« L'habitation n° 1 de Pincevent... »,
Gallia Préhistoire, 9/2, p. 322, 1966.

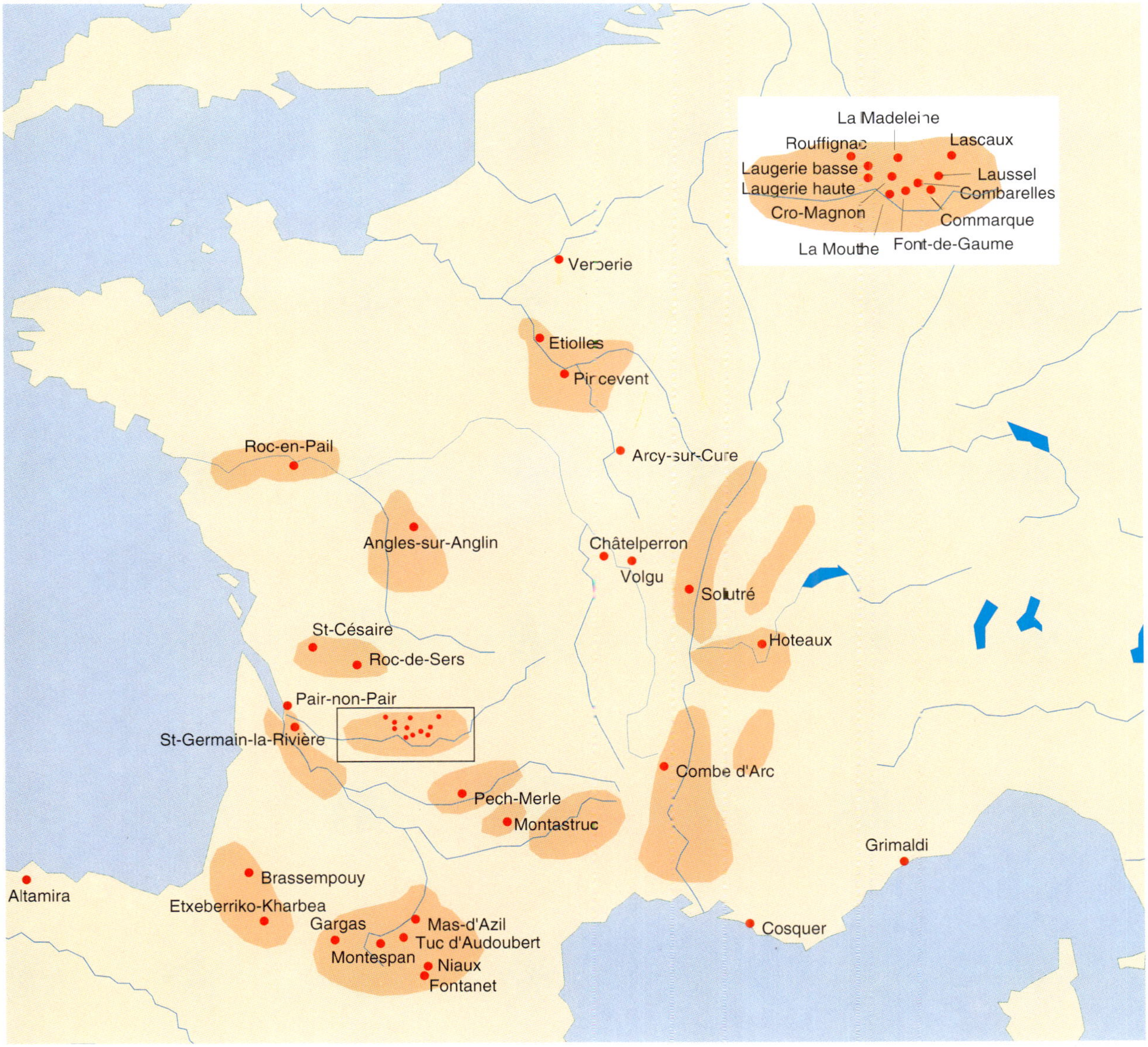

▲ *Foyers de peuplement du Paléolithique supérieur (– 35 000 à – 10 000 ans) en France.*

par foyer, ne négligeaient pas le petit gibier, perdrix des neiges, pigeons ou lièvres ; ni les œufs dont on a retrouvé les coquilles. En Dordogne, les poissons, surtout le saumon, étaient une proie de choix, lorsqu'ils remontaient le courant pour frayer. Il suffisait de surveiller les barrages naturels pour les voir sauter au-dessus de l'obstacle. Leur capture nécessitait donc de l'habileté manuelle plutôt qu'un outillage sophistiqué. Les fourchettes en bois de renne dont les dents traversaient la proie et l'immobilisaient devaient faire l'affaire. C'est du moins ce que nous pouvons imaginer. De même, les « hameçons » courbés ou droits laissent supposer l'utilisation de lignes pour la pêche, bien qu'aucune preuve ne puisse être avancée.

C'est aussi toute une société avec ses usages et ses fonctions que dessinent les fouilles. Comme aucun trou de poteau n'apparaît autour des quelque trente-cinq foyers dégagés par la suite à Pincevent, ni le moindre blocage de pierre, on devait construire léger. Chaque famille taillait quelques longues perches qu'on dressait et liait en cône ; on y tendait les peaux pour former une tente de 3 mètres de diamètre, et on pense aujourd'hui que les ouvertures se faisaient face, délimitant un grand espace commun.

Le foyer principal constitue bien le centre de l'activité domestique. Il est composé de pierres soigneusement agencées et régulièrement changées lorsqu'elles éclatent sous l'effet du feu. Certaines ont dû servir à caler des moyens de cuisson ou même constituer des plaques de cuisson pour des quartiers de viande. D'autres, plongées dans des récipients en cuir, ont chauffé efficacement un liquide.

L'arbre étant rare, on entretient une combustion économique en choisissant des bois qui brûlent lentement et laissent peu de cendres. Et pour renforcer la lumière que la flamme offre aux membres de l'habitation, on brûle de la graisse dans un bloc de pierre creusé en forme de coupe.

Autour du foyer principal qui sert à de multiples usages – on y chauffe le silex pour mieux le débiter, on expose les sagaies à la chaleur pour redresser la courbure du bois de renne dans lequel elles sont taillées – se répartissent des zones concentriques à usage spécialisé. On peut ainsi

▲ *Poisson sculpté et gravé en os (Lespugue, Haute-Garonne).*
Cette parure, qui représente une sole, a été retrouvée à plus de 250 kilomètres de la mer.
Cela suggère l'échange d'objets sur des distances importantes.

(Musée des Antiquités nationales, Saint-Germain-en-Laye. Phot. © Réunion des musées nationaux.)

▲ *Fragment de propulseur orné de bouquetins affrontés (grotte des Trois-Frères, Ariège). L'artiste a utilisé la courbure du bois de renne pour sculpter deux bouquetins dans une attitude de jeu ou de combat. Le corps des animaux était probablement surmonté de têtes postiches collées.* (Phot. J. Oster, © Collection musée de l'Homme.)

LE SITE DE VERBERIE

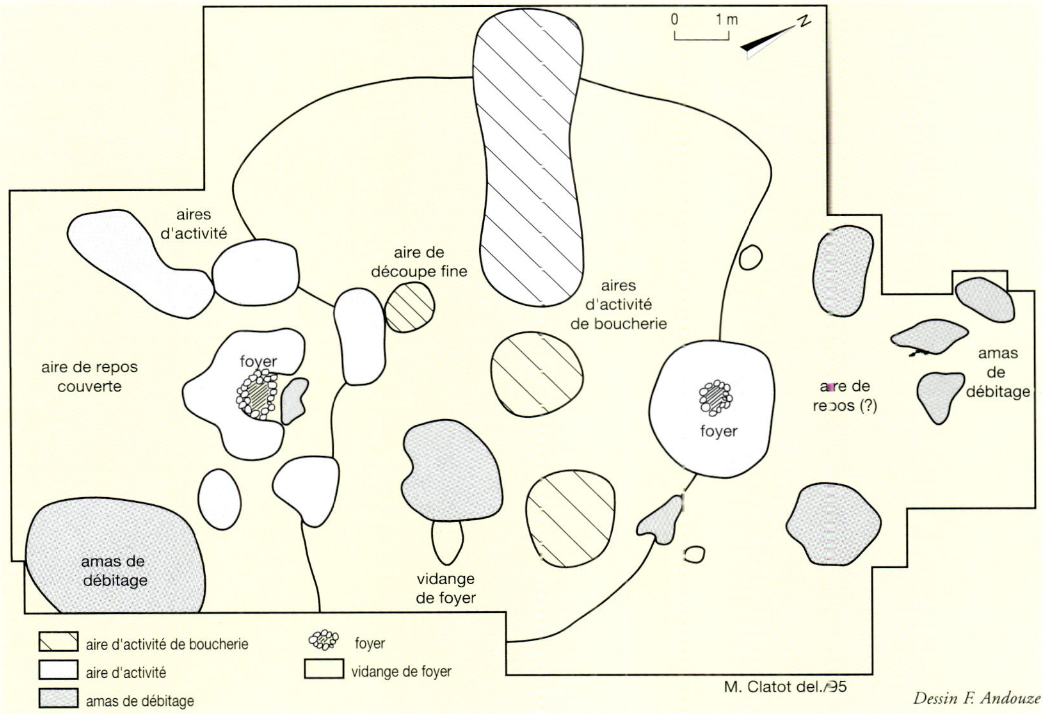

Dessin F. Andouze

distinguer le côté «cuisine» du côté «atelier» d'un foyer. C'est dans ce dernier qu'on fabrique armes et outils, qu'on travaille l'os et le cuir et qu'on bavarde en organisant la prochaine battue.

Les « aires de repos », probablement recouvertes de peaux, se signalent par une propreté exemplaire, tous les déchets de cuisine et les éclats de taille en ayant été expulsés. D'autres zones, jonchées d'éclats de pierre malhabiles, signalent des aires de «jeu» ou plutôt d'apprentissage où devaient s'exercer nos jeunes Magdaléniens.

Dans des zones «abattoirs», le travail de boucherie est lisible sur le sol. À Verberie, un campement au bord de l'Oise, des segments de colonnes vertébrales et des extrémités de pattes caractérisent ces zones de découpage analogues à celles que l'on connaît dans les campements d'Esquimaux de l'Amérique du Nord. De plus l'existence, à Verberie, de plusieurs zones vides, à la périphérie des foyers, autour desquelles on a retrouvé des restes d'ossements de rennes, suggère l'idée que l'on pratiquait le dépeçage des bêtes, en vue de conserver et sécher la viande débarrassée de ses os. On pouvait ainsi la transporter et la consommer pendant l'hiver.

Les traces laissées sur différents types de grattoirs et de perçoirs et la présence de quelques poinçons et aiguilles confirment aussi que les peaux étaient traitées et cousues sur place et qu'elles étaient utilisées pour la confection des vêtements et des tentes. Dans ces tentes, on installait des litières de branchages ou de peaux et on y serrait les objets

▲ *Fragment d'un propulseur en bois de renne orné de têtes de chevaux (Le Mas-d'Azil, Ariège). Les propulseurs ne sont connus qu'au Magdalénien (15 000-10 000 avant J.-C.) et surtout entre la Dordogne et les Pyrénées.* (*Musée des Antiquités nationales, Saint-Germain-en-Laye. Phot. © Réunion des musées nationaux.*)

MODIFICATIONS CRANIO-FACIALES AU COURS DU PALÉOLITHIQUE SUPÉRIEUR

	Hommes		Femmes	
	– 35 000	– 10 000	– 35 000	– 10 000
Capacité crânienne (en cm^3)	1 580	1 485	1 438	1 398
Longueur du crâne (en cm)	19,94	19,07	18,86	18,14
Largeur du crâne	14,15	14,01	13,62	13,58
Largeur frontale min.	9,93	9,57	9,73	9,37
Largeur frontale max.	12,15	11,64	11,71	11,25
Hauteur faciale supérieure	7,34	6,87	6,58	6,57
Largeur orbitaire	4,34	4,03	4,00	3,86
Hauteur orbitaire	2,85	2,96	2,96	3,00
Largeur nasale	2,62	2,47	2,61	2,25
Hauteur nasale	5,24	5,11	5,04	4,80

précieux. Sur le sol, de la poudre d'ocre, qui servait probablement aussi dans les procédés de tannage, dessinait le contour de la zone de couchage.

Mais quels liens unissaient les différentes familles qui cohabitaient sur le site? À cette question, il est difficile d'apporter une réponse précise. On peut seulement souligner qu'elles vivaient en bonne entente, comme l'atteste le partage de la viande d'un même animal.

On peut surtout reconstituer leurs pratiques alimentaires. La moelle des os longs, très nutritive, était fort appréciée. On préparait aussi des bouillons clairs, en portant à ébullition de l'eau contenue dans un seau en peau ou un baquet de bois et en mélangeant un peu de viande attachée à des os fracassés de moins de 5 centimètres de longueur.

On concassait aussi ces ossements pour que, bouillis, ils dégagent un jus gras; la neige qui était alors jetée dans le récipient figeait la graisse.

Ce plat de base était complété par des baies comme les myrtilles, des noisettes ou des œufs. Ces hommes du froid ne souffraient donc pas de carences alimentaires comme l'atteste l'état de leurs dents et de leurs squelettes, qui ne présentent jamais de traces de rachitisme. Mais l'actinomycose, cette maladie provoquée par le contact avec des graminées parasitées par des champignons, les guettait.

Les médecins, chargés d'ausculter leurs squelettes, relèvent aussi plusieurs cas de spondylose, dont un de cervicarthrose, qui témoignent d'une vie relativement sédentaire et d'une fréquente position assise.

On ne note qu'une seule séquelle de traumatisme : une entorse. L'un a eu des ennuis rachidiens, avec vertèbres soudées, sacrum asymétrique et légère scoliose de compensation. L'autre présente une déformation du talon, séquelle d'une fracture de la malléole interne.

Une jeune femme, enfin, portant deux petites dents surnuméraires à la mâchoire supérieure, avait un abcès grave, avec ostéite, de la racine de la première molaire droite qui a pu être à l'origine d'une septicémie mortelle.

LA PERFECTION TECHNIQUE

Peu avant 18 000 avant notre ère apparaît en France, pour disparaître 2 500 ans plus tard, une des industries de la pierre les plus mystérieuses qu'ait connues la préhistoire. En effet, jusqu'alors, et ce depuis des centaines de milliers d'années, la fabrication d'outils ne répondait qu'au seul critère fonctionnel. Il s'agissait de produire des racloirs ou des burins aussi efficaces que solides, et tout le savoir-faire accumulé au fil des millénaires par nos tailleurs de pierre ne concourait qu'à ce but. Aussi la question se pose de savoir pourquoi, tout d'un coup, de l'Aquitaine à la Bourgogne, ils se mettent à réaliser des outils dont l'utilité pratique non seulement n'apparaît guère mais encore semble céder le pas à une certaine gratuité, voire à une motivation d'ordre esthétique.

La technique utilisée se caractérise principalement par l'emploi de nombreuses retouches qui recouvrent plus ou moins largement la plupart des pointes et des lames retrouvées. Ces retouches sont obtenues non plus par pression directe comme auparavant, mais par percussion à l'aide d'un percuteur tendre, tel le bois de renne, parfois après chauffage de la pierre.

▲ *Feuille de laurier en silex (Volgu, Saône-et-Loire). Le site de Volgu a livré une douzaine de feuilles de laurier de dimension exceptionnelle (environ 30 centimètres).* (Musée des Antiquités nationales, Saint-Germain-en-Laye, Phot. © Bondra-Giraudon.)

Cette industrie, appelée solutréenne, du nom du site de Solutré qui en marque la frontière nord, a suscité l'éclosion des fascinantes « feuilles de laurier », minces, retouchées sur les deux faces et particulièrement esthétiques. Mais pourquoi avoir couvert tant de pièces de ces retouches plates, légères et régulières, en languettes aux bords si souvent presque parallèles ?

D'un point de vue pratique, cette intervention était tout à fait inutile et, surtout, fort peu économe. La plupart des lames et des pointes solutréennes trouvées dans les sites sont en effet cassées, non seulement parce qu'elles devaient se briser à l'usage mais aussi parce que la taille nécessitait un tel doigté qu'il fallait souvent interrompre le travail et jeter le silex qu'une infime erreur avait gâché. Pourquoi donc avoir pris tant de peine pour sculpter des « œuvres » qui, pour les

LE TROU DE L'AIGUILLE

« Il y a environ vingt mille ans fut inventé l'un des instruments les plus utiles de toute l'histoire des hommes : l'aiguille. La grande invention est naturellement celle du trou de l'aiguille grâce auquel l'instrument devient complexe, capable à la fois de percer et de faire passer un fil. Les plus anciens que l'on connaisse remontent au temps de l'industrie solutréenne. L'invention paraît s'être faite du côté de la Vézère, mais quelques aiguilles solutréennes ont été trouvées ailleurs, notamment en Espagne cantabrique et au Pays basque. Les grands maîtres de l'aiguille seront en fait les Magdaléniens qui, visiblement, devaient coudre beaucoup. [...] Les aiguilles à chas sont faites en os, en bois de renne ou en ivoire. Il y aurait aussi des os d'oiseaux. Leur longueur, pour le type le plus répandu, va de moins de trois centimètres à plus de dix. Comment fabriquait-on ces petites choses ? Des os d'où une aiguille a pu être extraite ont été trouvés. Une préhistorienne a pu reconstituer tout le processus d'extraction et de percement. Pour cela, Danielle Stordeur a dû observer les aiguilles au microscope, y rechercher les traces de travail, et aussi expérimenter elle-même. On connaît d'ailleurs des ébauches, dans des portions de bois de renne, qui renseignent sur la méthode suivie. Il faut prendre un burin, creuser deux rainures parallèles en allant jusqu'au canal médullaire de l'os. Cette zone atteinte, on introduit un éclat robuste dans l'une des rainures et l'on fait levier. Après le façonnage qui se fait en raclant, a lieu la grande affaire du percement. Elle s'entreprend par les deux côtés. On peut utiliser la pression pour des enlèvements concentriques, ou la rotation. Les deux cônes creusés finissent par se rejoindre. Il faut ainsi voir les gens d'il y a quinze mille ans en train de coudre. Rien n'interdit de penser qu'ils faisaient même de fins travaux d'aiguille. Cela suppose évidemment du fil : les tendons des animaux chassés devaient y pourvoir. »

Henri de Saint-Blanquat,
Les Premiers Français, Casterman,
1987, p. 185.

▲ *Aiguilles à chas découvertes à Laugerie-Basse (Dordogne).* (Phot. J. Oster. © Collection musée de l'Homme.)

◄ *Ces deux pendeloques en os témoignent de l'évolution de l'art des parures au Paléolithique. Aux pendeloques ovales à bords crantés, portant un signe barbelé et une série de cercles, comme celle de Saint-Marcel (Indre), à gauche, succèdent les pendeloques mêlant figures géométriques et réalistes, comme celle de Laugerie-Basse (Dordogne), à droite, dont les ovales gravés représentent des poissons et des signes féminins.* (Musée des Antiquités nationales, Saint-Germain-en-Laye. Phot. © Réunion des musées nationaux.)

préhistoriens, sont l'équivalent de la Joconde ? À quoi pouvaient servir ces « feuilles de laurier » ? À mieux pénétrer la chair des animaux chassés ? Rien n'est moins sûr. À mieux couper ? À cet égard, les lames plus classiques, obtenues sans débitage, s'avèrent plus utiles. Force est alors d'imaginer que la taille solutréenne a été un phénomène culturel, que l'émotion artistique, en dehors de toute utilité pratique, présidait à la fabrication de ces « feuilles de laurier ».

Comment expliquer aussi le fait que le Solutréen soit typiquement français et qu'il faille rechercher les origines de cette mystérieuse industrie uniquement en Périgord ou en Ardèche, même si la technique a traversé les Pyrénées pour s'imposer en Espagne ou au Portugal alors qu'en France elle ne franchit pas le Rhône et la Loire et ignore la Provence ? Pour quelles raisons, là et pas ailleurs, certains hommes se sont-ils mis ainsi à travailler de manière aussi raffinée ?

Et pourquoi, enfin, ces faiseurs de chefs-d'œuvre se sont-ils « brusquement » évanouis tout comme leurs « feuilles de laurier » ? Autant de questions sans réponse et qui laissent entier le mystère.

Ce sont les mêmes qui ont inventé l'un des instruments les plus utiles, l'aiguille à chas qui permet véritablement la couture des vêtements.

C'est à l'époque magdalénienne, celle des chasseurs de Pincevent, que le travail de l'os atteint son apogée avec les sagaies de l'épaisseur d'un crayon, longues de 30 centimètres, et les harpons à barbelures. Ces outils en os et ces objets en ivoire accomplissent d'étonnants voyages qui démontrent le prix qu'on leur accordait et dessinent une sorte de géographie des échanges. On s'aperçoit ainsi de certaines relations privilégiées qui unissent notamment les zones côtières avec l'intérieur, comme en témoignent ces colliers de coquillages retrouvés dans le Périgord et provenant des rivages de l'Atlantique.

Comment ont-ils voyagé ? Est-on allé les chercher ou les a-t-on échangés à des « tribus » de passage ? Quelle est aussi l'origine de ce besoin de coquillage symbole ? Et quelle est la signification des pendeloques aux décors complexes ? Témoignent-ils de l'existence de foyers culturels, d'hommes plus créatifs qui ont marqué de leur talent les orientations d'un groupe ?

Et que signifient ces « bâtons percés » ? Ces os allongés en tubes comptant plusieurs trous ? Sont-

▲ *Collier de coquillages trouvé près des squelettes de Cro-Magnon (Dordogne). C'est au cours du Paléolithique supérieur qu'apparurent les premiers bijoux : pendeloques (ici au centre), perles et surtout colliers de coquillages.* (Phot. J. Oster, © Collection musée de l'Homme.)

◄ *Flûte en os retrouvée à Isturitz (Pyrénées-Atlantiques). Les Magdaléniens fabriquèrent les premiers instruments de musique connus, des flûtes confectionnées à partir d'os creux percés de trous.* (Musée des Antiquités nationales, Saint-Germain-en-Laye. Phot. © Réunion des musées nationaux.)

LE TRAVAIL DE L'OS

« Entre 12000 et 8000 avant notre ère, le travail des matières osseuses atteint son sommet avec les sagaies de l'épaisseur d'un crayon, longues de 30 centimètres, les aiguilles de couture, les harpons à longues barbelures. La fabrication des sagaies peut être reconstituée avec une assez grande certitude.

L'ouvrier choisissait le fût légèrement courbe d'un bois de renne mâle tué pendant la saison où le bois est le plus compact. Il traçait au burin deux sillons parallèles qui traversaient en biais l'écorce dure du bois pour atteindre le tissu spongieux central. Il devenait alors possible de détacher avec précaution une longue baguette courbe, de section plus ou moins carrée. Cette baguette était chauffée et redressée à chaud au moyen d'un outil de bois de renne percé d'un trou qu'on a longtemps considéré comme un « bâton de commandement ».

Avant, ou plus vraisemblablement après, cette opération, la baguette était attaquée au grattoir et râpée en forme cylindrique avec une pointe effilée et un talon taillé en double biseau. De telles sagaies devaient avoir tendance à reprendre peu à peu leur courbure, car on les retrouve fréquemment dans cet état, mais il suffisait de leur restituer à chaud la rectitude.

Les aiguilles étaient faites par le même procédé dans l'ivoire de mammouth ou l'os. Les rainures tracées, il semble que le chas était percé avant de détacher la fine baguette d'os. L'aiguille détachée était ensuite râpée et polie sur un petit polissoir de grès. Elle pouvait ne pas dépasser 1 millimètre de diamètre, ce qui fait imaginer la finesse des travaux de couture auxquels elle se prêtait. »

Maurice Daumas,
Histoire générale des techniques, P.U.F.,
Paris, 1962-1979.

ils, comme on le croyait autrefois, des bâtons de commandement appartenant à des chefs ou bien des outils ayant servi à redresser à chaud les hampes de flèche en bois de renne ou à assouplir des lanières de cuir ? Et pourquoi sont-ils souvent ornés de signes abstraits ?

Encore des questions qui montrent notre ignorance mais aussi les multiples sentiers qui ont façonné, depuis très longtemps, la mosaïque culturelle française.

▲ *Deux têtes de bisons sur un fragment de bâton percé (Laugerie-Basse, Dordogne). Le travail du bois de renne atteint son apogée au Magdalénien. Les artistes parviennent à représenter les moindres détails anatomiques des animaux, comme ici avec ce couple de bisons, mâle à gauche et femelle à droite.*
(Musée des Antiquités nationales, Saint-Germain-en-Laye. Phot. © Réunion des musées nationaux.)

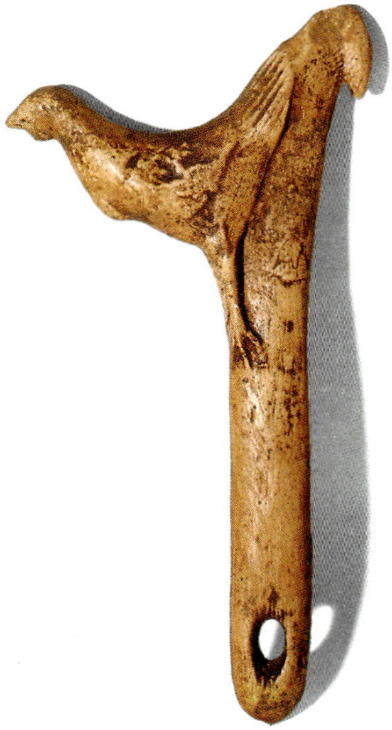

◄ *Bâton percé (Mas-d'Azil, Ariège). Taillé dans le bois de renne, souvent décoré, comme ici où l'artiste a représenté un coq de bruyère, le bâton percé est un outil de « luxe », un objet personnel que le chasseur portait sur lui quand il partait en expédition. (Phot. Cambazard, © Explorer.)*

LE CORPS ET L'ESPRIT DE LA FEMME

Même si la quête de nourriture nécessitait une attention de tous les instants, les chasseurs de rennes avaient réussi à dégager assez de temps libre pour construire la première société de loisirs. C'est la raison pour laquelle ils se mettent à sculpter le corps des femmes.

La plus ancienne statuette, découverte à Laugerie-Basse en 1864, a été baptisée la « Vénus impudique ». Haute de 8 centimètres, sculptée dans l'ivoire, dépourvue de tête, les seins absents, le ventre plat, elle est d'une remarquable maigreur. Depuis cette date, plus d'une vingtaine de sites ont livré des figures de femme, à Brassempouy, dans les Landes, ou dans les grottes de Grimaldi, près de Menton.

Et certaines, cette fois, montrent que les sculpteurs avaient une vision plus nette, sinon plus réaliste, du corps féminin.

Beaucoup de ces statuettes présentent en effet des formes hypertrophiées, notamment les seins, les hanches et le ventre, comme celle, célèbre, de Lespugue, sans que l'on puisse un instant songer que les compagnes de nos chasseurs de rennes avaient de telles rondeurs. Quelle est donc la signification de ces statuettes, que les préhistoriens désignent sous le terme de « Vénus » (sans qu'il y ait toutefois de

▲ *Parmi la vingtaine de sites français où l'on a découvert des Vénus préhistoriques, celui de Brassempouy, dans les Landes, constitue l'un des plus importants. En effet, dix statuettes, dont la célèbre « Dame à la capuche » (photo p. 46), ont été retrouvées. Toutes sont partielles et ne présentent qu'une partie du corps : jambes, tête ou, comme ici, torse.* (Phot. J. Oster, © Collection musée de l'Homme.)

rapport avec la divinité latine) ? Culte de la fécondité représentant des femmes enceintes ? Mais pourquoi les avoir taillées si petites ? Est-ce la traduction de l'idée qu'ils se faisaient de la femme, exagérant de façon irréelle ce qui est simplement féminin ?

Pour quelle raison aussi la Vénus de Laussel, sculptée en bas-relief, tient-elle une corne de bison dans laquelle, dirait-on, elle s'apprête à boire ? Quelle était aussi la symbolique sexuelle de ce bâton percé provenant des abris de Bruniquel qui s'ouvrent dans la vallée de l'Aveyron ? L'extrémité du manche a été sculptée et incisée pour figurer avec une précision anatomique indiscutable le gland d'un pénis. Et celui découvert dans l'abri de La Madeleine ? Là, sur une baguette, on voit une tête d'ours, la gueule légèrement entrouverte. Un phallus humain turgescent frôle les naseaux de l'ours, et la base de ce phallus est incisée dans un motif double qui représente avec une certaine vraisemblance les testicules.

Nul doute que ces hommes ont exprimé leur sexualité, leurs pulsions et leurs sentiments, mais en des termes qui sont pour nous peu intelligibles.

▲ *Ours et organes génitaux sur une baguette en bois de renne (La Madeleine, Dordogne). Le tracé de l'ours, d'un phallus et d'une vulve (à gauche) mêle réalisme et symbolisme. Cette juxtaposition de signes sexuels suggère une sorte d'écriture dont le message nous échappe.* (Musée des Antiquités nationales, Saint-Germain-en-Laye. Phot. © Réunion des musées nationaux.)

▼ *Phallus sculptés sur un bâton percé (Vallon de Gorge d'Enfer, Dordogne). Les bâtons percés étaient souvent ornés de représentations sexuelles, le manche portant des signes mâles parfois associés au niveau de la perforation à des signes féminins.* (Musée des Antiquités nationales, Saint-Germain-en-Laye. Phot. © Réunion des musées nationaux.)

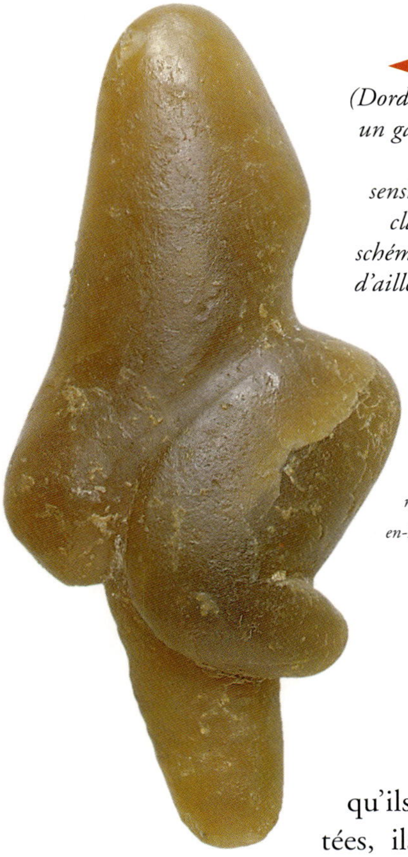

◄ *Vénus de Tursac (Dordogne). Sculptée sur un galet de calcite, cette statuette s'écarte sensiblement des Vénus classiques. Ses formes schématiques demeurent d'ailleurs mal comprises. Pour certains préhistoriens, il s'agirait même d'une figure bisexuée.* (Musée des Antiquités nationales, Saint-Germain-en-Laye. Phot. © Réunion des musées nationaux.)

Ces femmes qu'ils ont représentées, ils les ont aussi plus soigneusement encore ensevelies, comme cette jeune fille, âgée de vingt à vingt-cinq ans, découverte en 1935, dans l'abri de Saint-Germain-la-Rivière, en Gironde. Saupoudrée d'ocre rouge, elle reposait sous deux dalles de pierre. La parure accompagnant la défunte était constituée de soixante-dix canines de cerf, dont certaines portaient des signes géométriques, et de coquillages, sans doute autrefois cousus sur les vêtements.

Preuve de l'éveil d'une spiritualité chez les Néandertaliens lors de la période précédente, la sépulture comme le sexe paraissent devenir les pivots essentiels d'un nouvel imaginaire dont on a peine à discerner la cohérence, d'un nouvel art de vivre dont nous devinons mal les signes.

▲ *Statuette de femme (Grimaldi, près de Menton). Baptisée le « Losange », cette Vénus en stéatite verte, qui mesure à peine 5 centimètres, fait partie des dix statuettes retrouvées au siècle dernier dans les grottes de Grimaldi. De nombreuses interrogations subsistent à leur sujet en raison du caractère anarchique des fouilles menées alors, qui entraîna la disparition de trois de ces statuettes.* (Musée des Antiquités nationales, Saint-Germain-en-Laye. Phot. © Réunion des musées nationaux.)

*Vénus de l'abri Pataud (Dordogne). Elle a été sculptée dans un bloc calcaire.
Si la représentation des Vénus apparaît assez stéréotypée, en revanche les matières utilisées étaient des plus diverses : pierre dure, calcite, serpentine, argile, ivoire de mammouth, bois de cervidé.*

(Phot. D. Ponsard, © Collection musée de l'Homme.)

LA FEMME ET LE CHASSEUR

La proéminence excessive des fesses et du ventre chez les Vénus préhistoriques amena les anthropologues à penser que les femmes du Paléolithique, telles les Bochimans actuelles, possédaient là une réserve de graisse pour les périodes de disette. Cette idée est aujourd'hui abandonnée. À la suite des travaux de A. Leroi-Gourhan sur le schéma de construction de ces statuettes, on insiste désormais sur l'identité du style qui suggère leur valeur symbolique. (Dessin Leroi-Gourhan.)

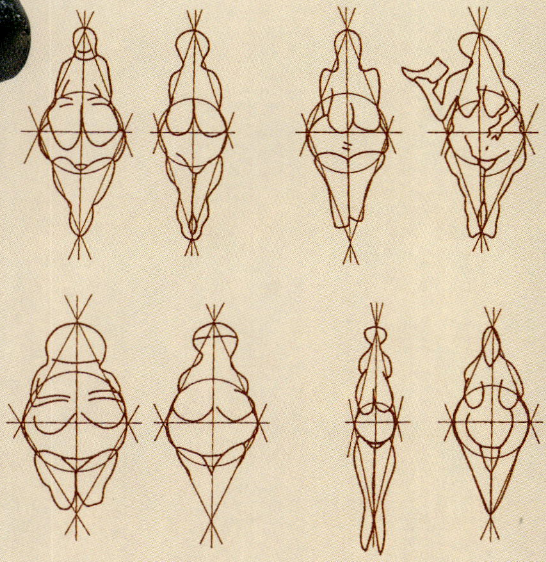

Les femmes sculptées par les chasseurs de rennes figurent parmi les œuvres d'art les plus énigmatiques de la préhistoire.

Les représentations les plus anciennes que nous connaissions sont celles de vulves stylisées, gravées il y a environ 30 000 ans dans le roc. On les trouve dans la vallée de la Vézère, en Dordogne. Puis, entre 25 000 et 20 000 ans avant notre ère, depuis les Pyrénées jusqu'à la vallée du Don, en Russie, on a sculpté dans l'os et dans l'ivoire des « Vénus » stéréotypées avec des fesses et des seins exagérément rebondis, beaucoup paraissant même enceintes. La plupart sont nues et pourvues de parties génitales marquées. À part quelques-unes, comme la Dame de Brassempouy, la tête est rudimentaire et les jambes, nanties de larges cuisses, s'amenuisent à partir des genoux, tandis que les pieds sont quasiment ignorés.

Fécondité, grossesse, reproduction, tel semble être le symbolisme de ces « Vénus » préhistoriques qui étaient probablement placées à l'écart des zones d'habitat, dans un emplacement particulier peut-être réservé à un culte dans le rituel duquel elles intervenaient.

En haut à gauche : Statuette féminine dite le « Polichinelle » (Grimaldi, près de Menton). (Musée des Antiquités nationales, Saint-Germain-en-Laye. Phot. © Réunion des musées nationaux.)

Vulves gravées (abri Blanchard, Dordogne). (Musée des Antiquités nationales, Saint-Germain-en-Laye. Phot. © Réunion des musées nationaux.)

Vénus à la corne (Laussel, Dordogne). L'artiste a placé l'œuvre sur le bloc de pierre pour que le plus fort de la convexité passe au niveau du ventre, afin d'accentuer le volume de celui-ci. Une fois sculptée, cette Vénus fut peinte à l'ocre rouge. La signification de la corne, probablement d'un bovidé, demeure mystérieuse. Certains, en raison des incisions qu'elle porte, y ont vu un possible calendrier obstétrical.
(Phot. J. Oster, © Collection musée de l'Homme.)

CHAPITRE

4

L'INVENTION DE L'ART

Découverte en 1940, la grotte de Lascaux a été surnommée la « chapelle Sixtine de la préhistoire ». Les chasseurs de rennes qui travaillaient les pierres et sculptaient l'ivoire nous ont laissé des « œuvres d'art » qui nous font comprendre à quel point ils étaient proches de nous et, comme nous, sensibles à la beauté. En revanche, la signification de leur production artistique, essentiellement composée de représentations animalières, demeure encore pour nous, par bien des aspects, mystérieuse.

◄ *Chevaux et aurochs, la Rotonde, ou salle des Taureaux. Lascaux (Dordogne). (Phot. © Gamma.)*

UNE RECONNAISSANCE DIFFICILE

En 1875, un jeune aristocrate espagnol, le marquis de Sautuola, visitait une grotte qui venait d'être ouverte à Altamira, près de Santillana del Mar, dans la province de Santander.

Sans prêter attention aux signes abstraits de la galerie principale, il recueillit quelques ossements et silex taillés. Trois ans plus tard, il se rendit à l'Exposition universelle de Paris et y découvrit les collections d'objets préhistoriques.

Enthousiasmé par les perspectives de cette préhistoire naissante, il retourna en 1878 à Altamira et reprit ses recherches, accompagné de sa fille, Maria, âgée de cinq ans. Celle-ci, désignant du doigt les grandes taches d'ocre qui couvraient le plafond de la grotte, s'écria soudain : *« Toros ! Toros ! »*

Dans le mémoire que Sautuola publia en 1880, le marquis écrivit : « Il est évident, d'après certaines découvertes qu'on ne peut mettre en doute, comme celle qui nous intéresse, que l'homme, même quand il n'avait d'autres logis que les grottes, reproduisait sur des cornes et des défenses d'éléphants, non seulement sa propre figure mais encore celle des animaux qu'il voyait. Il n'est donc point aventureux d'admettre, puisque à cette époque appartiennent d'aussi parfaites reproductions réalisées sur des corps durs, que les peintures dont il s'agit aient une aussi lointaine origine... Il est difficile de concevoir qu'à une date récente il y ait eu quelqu'un d'assez capricieux pour s'enfermer dans cet endroit et y peindre des animaux inconnus dans cette région et à cette époque. »

Cette intuition, remarquable de prudence et de sagesse, se heurta évidemment à l'opposition acharnée des préhistoriens, surtout français, qui

▲ *Biches gravées sur un os de renne.*
Quand A. Brouillet découvrit cet objet dans la grotte du Chaffaud (Vienne), vers 1834, la préhistoire n'était pas encore officiellement « inventée » et on crut qu'il s'agissait là d'un vestige de l'artisanat celte.
(Musée des Antiquités nationales, Saint-Germain-en-Laye. Phot. © Réunion des musées nationaux.)

tournèrent le marquis en ridicule et prétendirent que ces peintures étaient une supercherie d'un peintre moderne.

Il fallut les découvertes de La Mouthe en 1895, puis des Combarelles et de Font-de-Gaume en 1901, pour que les adversaires du marquis se rendent à la raison. Le 14 août 1902, un aréopage de préhistoriens visita la région des Eyzies à la fin d'un congrès. Ce fut selon l'abbé Breuil, le premier « pape » de la préhistoire, « le jour de la reconnaissance officielle par le monde scientifique de l'art pariétal des cavernes de l'Âge du Renne ».

Émile Cartailhac, qui avait traité le malheureux Sautuola d'imposteur, fit amende honorable en publiant en 1902 *Mea culpa d'un sceptique.* Avec la découverte de Lascaux, le 12 septembre 1940, il devenait enfin acquis que l'homme « primitif » avait bien écrit, il y a environ 20 000 ans, dans ce qui est aujourd'hui la France, la première page de l'histoire universelle de l'art. Reste que la raison d'être de cet art continue à tourmenter les spécialistes, qui n'ont toujours pas réussi à comprendre le langage de ces artistes et à traduire leurs intentions.

▲ *Ces bisons qui se fondent dans la paroi de la grotte de Font-de-Gaume (Dordogne) ont été peints il y a 15 000 ans. Quand on les découvrit en 1901, ils laissèrent perplexes nombre de scientifiques quant à leur valeur et à leur origine.*

(Phot. © Musée national de Préhistoire. Les Eyzies.)

AU PLUS PROFOND DES CAVERNES

Comment expliquer tout d'abord le fait que la terre de France ait été le lieu privilégié de l'art pariétal ?

Jusqu'à maintenant, en effet, on n'en a trouvé pour cette époque aucune trace ni en Amérique, ni en Afrique, ni en Asie. Il semble concentré dans une aire géographique qui s'étend sur les Charentes, le Périgord, le Quercy, les Landes, les Pyrénées pour la partie française, le Guipúzcoa, la Biscaye, la Cantabrie et les Asturies pour la partie espagnole. Dans ce foyer de 300 kilomètres de rayon, on trouve cent quatre-vingts grottes au moins qui abritent des peintures, tandis qu'une dizaine seulement ont été découvertes en Italie et une seule en Europe de l'Est, à Kapova, dans les montagnes de l'Oural.

Cette disproportion ne doit rien au hasard de la géographie ou des fouilles. En effet, on connaît dans les Carpates, les Alpes ou l'Oural des grottes topographiquement comparables. En outre, ces dernières années, les spéléologues ont exploré et répertorié la plupart des cavernes d'Europe.

Enfin, la vaste région périglaciaire qui, à cette époque, s'étendait de la France à l'Oural comprenait de nombreux sites de peuplement qui ont livré en quantités considérables les statuettes

▲ *Bisons modelés dans l'argile, Tuc-d'Audoubert (Ariège).*
Il faut parcourir plus de 700 mètres avant de contempler ces deux sculptures, placées volontairement au plus profond de la grotte comme dans une crypte inviolable. (Phot. Lenars, © Explorer.)

Le Pech-Merle (Lot). Ces traces de pas conservées dans l'argile sont le témoignage le plus émouvant de la fréquentation des cavernes par l'homme.

(Phot. Blanchet, © Collection musée de l'Homme.)

LE MESSAGE DES EMPREINTES HUMAINES

« Il y a un fait très frappant : les empreintes connues sont pratiquement toutes des empreintes de jeunes, ce qui milite évidemment assez fort en faveur d'une initiation : longue piste d'Aldène qui montre un groupe d'adolescents parcourant les couloirs ; piétinement de quelques individus sous une voûte basse à Niaux ou à Montespan, pied de gamin peut-être accompagné par une femme dans une flaque de Pech-Merle. Il est donc certain que les enfants pénétraient dans les grottes. Par ailleurs, les témoins que nous possédons sont à l'écart du chemin normal et dans des flaques (sauf à Aldène) et il faut peut-être se demander si cela ne témoigne pas simplement d'une tendance assez nette des enfants à piétiner là où le pied s'enfonce. Disons que les enfants conservaient, dans ces graves circonstances, assez d'aisance pour aller batifoler dans les flaques d'eau. Quant au rituel d'initiation, il est simplement rendu possible par le fait que les jeunes pénétraient jusqu'au sanctuaire.

[...] Mais on ne peut citer les empreintes sans évoquer celles du Tuc d'Audoubert. À 700 mètres de l'entrée, dans une extrémité de galerie se trouvent les deux bisons modelés dans l'argile qui sont un des très rares témoignages de sculpture qu'on connaisse en caverne ; auprès, se trouvent quelques tas d'argile qui sont peut-être les restes d'autres moulages et quelques boudins qui, peut-être, représentent des symboles masculins. Sur l'argile d'une flaque recouverte d'une mince stalagmite, on voit une cinquantaine d'empreintes de talons d'un adolescent qui a traversé le sol amolli.

L'abbé Breuil résume la situation en disant : « Cette piste, d'une cinquantaine d'empreintes humaines, évoque la pensée d'une cérémonie d'initiation qui, une seule fois, s'est déroulée. » [...] Plus les sanctuaires sont profonds, d'ailleurs, moins on a l'impression que les hommes y soient venus plus de quelques fois, on a même au contraire souvent le sentiment d'une seule expédition, peut-être même d'un seul exécutant qui allait établir une fois pour toutes le sanctuaire qu'on savait ensuite exister dans le cœur de la terre. »

A. Leroi-Gourhan,
Préhistoire de l'art occidental,
Éditions Citadelles & Mazenod,
Paris, 1995.

LA DÉCOUVERTE DE LASCAUX

Attiré par les aboiements de son chien, le jeune Marcel Ravidat, en compagnie de trois de ses camarades, découvre une sorte de terrier, un trou de renard. Quelques pierres jetées dans le conduit roulent assez longtemps, en résonnant, pour suggérer peut-être un souterrain. Équipé d'une lampe de fortune, les quatre jeunes gens reviennent quelques jours après, le 12 septembre 1940 pour pousser plus avant l'exploration. Ravidat raconte :

« Muni d'un grand couteau confectionné par moi-même et dont la lame avait été mise à l'épreuve, je me mis au travail, c'est-à-dire à agrandir le trou pour pouvoir passer. Je réussis à pénétrer cinq ou six mètres verticalement, la tête la première et les pieds en haut. Mais je perdis l'équilibre sur un cône d'éboulis argileux et glissant et dégringolai jusqu'au fond. Je me relevai tout courbaturé, je rallumai ma lampe, j'appelai mes trois copains qui étaient restés en haut, les priant de prendre de grandes précautions.

Une fois réunis, nous nous mîmes à explorer la caverne. Nous progressions lentement car la lampe ne marchait pas à souhait. C'est ainsi que nous traversâmes une grande salle [la salle des Taureaux]. Ne trouvant aucun obstacle sur notre route, nous arrivâmes dans un couloir resserré mais assez haut [le Diverticule axial]. C'est là qu'élevant la lampe à la hauteur des parois, nous aperçûmes à cette lueur tremblotante plusieurs traits de couleurs différentes. Nous nous mîmes à explorer méticuleusement les parois et, à notre grande surprise, à y découvrir plusieurs figures animales de grandeur respectable. Encouragés par ce succès, nous nous mîmes à parcourir la grotte, allant de découvertes en découvertes. Notre joie était indescriptible. Une bande de sauvages faisant la danse de la guerre n'aurait pas fait mieux. Sur ce, nous nous fîmes la promesse de ne rien dire à personne de notre découverte pour le moment et de revenir le lendemain avec des lampes puissantes. »

Brigitte et Gilles Delluc,
« Lascaux. Les dix premières années sous la plume des témoins »,
Lascaux inconnu, Éditions du C.N.R.S., Paris, 1979, p. 23.

L'entrée de la grotte de Lascaux en 1940. De gauche à droite : Léon Laval, Marcel Ravidat, Jacques Marsal et l'abbé Henri Breuil. Le bruit de la découverte de Lascaux se répand très rapidement. Alertés par Léon Laval, l'ancien instituteur des jeunes découvreurs, Marsal et Ravidat, les premiers savants, dont l'abbé Breuil, se rendent sur place dès la fin d'octobre 1940. En quelques jours, ces spécialistes de la préhistoire identifient alors la découverte et révèlent au monde l'importance et la richesse des peintures de Lascaux.

(Phot. © M. Larivière-Archives Laval.)

Salle des Taureaux, Lascaux (Dordogne). ►
Malgré l'inconfort de sa position (les figures sont peintes à plusieurs mètres du sol) et l'irrégularité du support, l'artiste s'est montré soucieux de la perspective, à en juger par le tracé semi-tordu des cornes des taureaux. *(Phot. F. Jalain. © Explorer.)*

Lampe en grès rose ► retrouvée à Lascaux. Sur le manche de ce brûloir sont inscrits des signes identiques à ceux que l'on aperçoit sur les gravures, ce qui laisse penser que l'outil était étroitement associé à la symbolique des représentations.

(Musée des Antiquités nationales, Saint-Germain-en-Laye. Phot. © Réunion des musées nationaux.)

▲ *Lascaux (Dordogne), salle des Taureaux. Cet aurochs au réalisme saisissant est la plus grande figure connue de l'art paléolithique. L'animal dans son ensemble mesure 5,50 m.*

(Phot. © Gamma.)

féminines, les « bâtons de commandement », les outils travaillés ou les objets en ivoire. Autant de faits qui rendent étonnante cette concentration de l'« art des cavernes » dans une région aussi délimitée.

Est-ce parce qu'à cette époque les rivières du Sud-Ouest regorgeaient de saumons et que les habitants avaient moins à se déplacer pour chercher leur nourriture ? Si le travail de l'os et de l'ivoire était le domaine de chasseurs nomades, l'art des cavernes aurait été le fait de populations plus sédentaires bénéficiant de moyens de subsistance plus variés et plus assurés.

Pendant plus de 8 000 ans, les hommes ont donc pénétré le plus loin qu'ils ont pu sous la terre pour peindre des animaux et tracer des signes. Mais il faut aussi souligner, et c'est fascinant, que nous sommes plus proches d'eux qu'ils ne l'étaient eux-mêmes de leurs ancêtres qui sculptaient les premières « Vénus », 15 000 ans avant eux !

Ces grottes étaient parfois d'un accès extrêmement difficile. Ainsi les artistes de la grotte basque d'Etxeberriko Kharbea ont dû ramper dans des boyaux, franchir des cheminées, longer des à-pic, traverser des lacs et des rivières aux eaux tumultueuses. Plus d'une heure de progression difficile est nécessaire pour atteindre les sites peints. Est-ce parce que l'émotion provoquée par le danger faisait partie du rituel ?

Ces artistes, nous pouvons d'ailleurs les suivre pas à pas, dans certaines grottes comme Niaux,

Aldène ou Fontanet, dont le sol argileux a conservé la trace des empreintes de ces hommes et de ces enfants ayant, par mégarde, par jeu ou peut-être en vertu d'une cérémonie initiatique, marché dans les flaques boueuses. Parfois ces empreintes témoignent d'un unique passage et révèlent ainsi qu'une fois les œuvres peintes au fond de la grotte ni l'artiste ni personne d'autre n'est revenu sur les lieux. D'autres galeries, moins profondes, Lascaux par exemple, avaient fait l'objet de nombreuses occupations, comme si, à travers le temps, la « tribu » avait émigré dans des territoires plus éloignés pour revenir ensuite se réinstaller dans les environs et fréquenter de nouveau le sanctuaire dont le groupe gardait le souvenir.

Les centaines d'images inscrites sur les parois de la grotte relèvent d'un même « style » et montrent une grande homogénéité dans l'exécution, comme si les générations successives d'artistes faisaient partie d'une véritable « école » dont les représentants auraient reproduit les enseignements.

Ces traces montrent enfin que les artistes ont souvent réalisé leurs œuvres sur des surfaces difficilement accessibles. Nombreuses sont les œuvres placées tellement haut qu'elles n'ont pu être exécutées depuis le sol. Le choix de ces parties élevées peut s'expliquer par le désir de travailler sur des panneaux de roche saine, les zones les plus basses étant plus attaquées par l'érosion. L'accès à ces parois a donc nécessité tout un matériel : des échafaudages, des échelles probablement composées de troncs d'arbres dont les branches servaient de barreaux. Dans la grotte de Lascaux, on a découvert, enrobé dans l'argile, un vestige de corde végétale tressée de 30 centimètres de long sur 8 millimètres de diamètre, âgé d'au moins 15 000 ans. C'est le plus vieux cordage connu au monde.

Il fallait surtout que ces peintres des cavernes s'éclairent. Rien qu'à Lascaux, le nombre des objets qui ont pu servir de lampes s'élève à cent trente. Si la plupart sont de simples plaques de calcaire présentant une cuvette naturelle peu profondes, d'autres ont été aménagées. L'une d'entre elles, unique, est entièrement façonnée dans du grès rose, avec un long manche décoré d'incisions et un cuilleron très régulier. On y faisait brûler des corps gras provenant de grands mammifères, suif de bœuf ou de veau, graisse de cheval ou moelle osseuse. Des expériences ont montré que chacune de ces lampes pouvait fournir l'éclairage d'une ou plusieurs bougies. Pour l'allumage, les lichens prélevés sur les branches d'arbres ou d'arbustes faisaient parfaitement l'affaire.

Enfin, les artistes ont laissé les traces du confort dont ils s'étaient dotés, des peaux pour se reposer, des coussins d'herbe pour d'asseoir et, évidemment, les restes des jeunes rennes qui leur avaient servi de nourriture.

▲ *Tête de cheval gravée, grotte des Combarelles (Dordogne).* (Phot. © Musée national de Préhistoire. Les Eyzies.)

UN ART ANIMALIER

Grâce aux microscopes électroniques à balayage, on a identifié les « recettes de peinture » des artistes de la préhistoire. Ils utilisaient des colorants naturels, oxydes de fer (ocres jaunes et rouges) et oxydes de manganèse. Les rouges sombres étaient obtenus, par exemple, par une fine argile brûlée de Pithiviers. Ils avaient également recours à du charbon de bois finement broyé. La peinture résultait du mélange de ces pigments broyés avec la « charge » qui assure un meilleur pouvoir couvrant sur les parois. Deux types de charges étaient utilisés, le feldspath po-

▲ *Bouquetins affrontés, Le Roc-de-Sers (Charente). Le bestiaire de l'art pariétal n'est pas simplement en rapport avec les activités de chasse mais cherche aussi à figurer la vie animale.*

(Musée des Antiquités nationales, Saint-Germain-en-Laye. Phot. © Réunion des musées nationaux.)

Le « patriarche ».
Ce mammouth est l'un des plus remarquables parmi ceux qui décorent la grotte de Rouffignac (Dordogne). (Phot. M.O. & J. Plassard.)

tassique, d'une part, et un mélange de feldspath potassique et de biotite, correspondant à du granite, d'autre part, ces deux minéraux étant disponibles aussi bien à l'intérieur qu'à l'extérieur des grottes. Le liant, indispensable pour accrocher le pigment à la surface, était l'eau de la grotte elle-même, fortement chargée en calcium, l'urine aussi et probablement une huile d'origine animale.

Pour peindre, ces créateurs disposaient d'instruments variés. Pour tracer certains traits, ils utilisaient simplement leurs doigts. Ils avaient aussi recours à des pinceaux en poil de blaireau, en bambou écrasé et en plume qui dessinaient les traits les plus réguliers. Ils se servaient également de souffleurs, des tubes qui dispersaient la couleur sur la pierre. Des lissoirs en pierre permettaient ensuite de polir ou de régulariser le trait.

Quand l'œuvre était presque terminée, ils accentuaient les contours en gravant quelques détails particuliers, comme les yeux, les cornes, le mufle et les sabots. Parfois, les peintures étaient lavées et frottées par endroits pour adoucir les contours et obtenir des effets de couleur plus tendres.

Pour sculpter des bas- ou des hauts-reliefs, ils taillaient dans le plan ou dans un bloc rocheux. Les bas-reliefs étaient obtenus par des évidements aboutissant à faire légèrement ressortir les figures de leur support, comme le cheval gravé de la grotte de Commarque, en Dordogne. Enfin, ils modelaient aussi l'argile pour créer, par exemple, les bisons d'argile du Tuc-d'Audoubert, en Ariège.

Restent les œuvres elles-mêmes. Un premier constat s'impose. L'art des cavernes est surtout un vaste bestiaire, la grande majorité des peintures,

▲ *Félin, cheval et cerf, grotte de Niaux (Ariège). Il n'est pas rare que des animaux aussi différents soient représentés ensemble dans de grandes compositions dont l'ordonnancement symbolique nous échappe encore.* (Phot. © Gamma.)

▲ *Pingouin, grotte Cosquer (Bouches-du-Rhône). Dans cette grotte dont l'entrée est aujourd'hui située à plus de 30 mètres sous le niveau de la mer, on trouve reproduits plusieurs animaux marins, notamment ce pingouin qui fréquentait les eaux de la Méditerranée il y a 20 000 ans.* (Phot. F. Broadcast, © Gamma.)

des gravures et des reliefs représentant en effet du gros gibier. L'animal le plus fréquemment figuré est le cheval. Il est présent sur près d'un tiers des dessins et ne manque dans presque aucune composition. Les chevaux de ce temps étaient plus petits que ceux d'aujourd'hui ; ils avaient un ventre rebondi d'une couleur plus claire que le reste du corps, des jambes courtes mais sveltes et une crinière dressée. Le sexe n'est jamais représenté, même si certains dessins montrent des positions préliminaires à la copulation.

Les bisons et les aurochs abondent. Les premiers se distinguent du bison moderne par des cornes tournées vers le haut, légèrement incurvées en S, et par un profil de tête uni à la bosse en une courbe presque continue. Les aurochs sont des animaux plus sveltes, aux grandes cornes courbées vers l'avant et vers l'extérieur.

Les autres animaux apparaissent moins, même si cerfs, éléphants et chèvres sont abondamment représentés. Dans la grotte Cosquer, découverte au mois de septembre 1991, au large du cap Morgiou, près de Marseille, on voit aussi des phoques, plusieurs méduses et trois grands pingouins *Alca impennis*, une espèce apparentée au petit pingouin qui a aujourd'hui disparu et qu'on ne trouve nulle part ailleurs.

Dans la grotte de la Combe d'Arc, découverte dans la vallée de l'Ardèche le 18 décembre 1994 par Jean-Marie Chauvet, on trouve aussi la seule panthère tachetée représentée dans l'art préhistorique et des ours, alors que ces animaux figurent très rarement dans les autres cavernes. En outre, la présence d'un crâne d'ours sur une pierre qui pourrait évoquer un autel relance le débat sur le culte des ours. On y trouve aussi le seul hibou connu de l'art pariétal.

Les représentations diffèrent donc d'une région à l'autre. Là, comme à Rouffignac, dominent mammouths et rhinocéros laineux. Ailleurs, comme à Niaux ou à Lascaux, chevaux, aurochs et bisons l'emportent.

L'art des cavernes est bien avant tout un art animalier, l'expression d'une union esthétique de chasseurs avec les animaux sauvages qui sont les compagnons désirés et redoutés de leur destinée et qui hantent les rêves de peuples quotidiennement soumis à la faim.

Bien moins fréquentes que les figures animales, les représentations humaines suscitent beaucoup d'interrogations. On trouve en effet des silhouettes féminines réalistes ou stylisées, des organes génitaux, des visages ou des portraits en pied, des personnages masqués ou blessés, des êtres fantomatiques, des mains aux doigts mutilés.

On voit aussi, énigmatiques, des êtres cornus, mi-hommes mi-animaux comme le sorcier de la grotte des Trois-Frères, peint à 4 mètres de haut, sur la voûte, dominant un fouillis d'animaux et qui est apparu à l'abbé Breuil comme « l'Esprit régissant la multiplication du gibier et les expéditions de chasse ». À ces êtres s'ajoutent quelques contours imprécis qui semblent relever de la caricature humoristique.

Encore plus énigmatiques, de multiples signes géométriques accompagnent çà et là les animaux des peintures rupestres. Selon Leroi-Gourhan, ils seraient les manifestations les plus impressionnantes de l'art paléolithique sur le plan intellectuel. Ces signes montrent des motifs ex-

▲ *Panthère tachetée (deuxième plan) associée ici à une hyène ou à un ours. Grotte Chauvet, la Combe d'Arc (Ardèche).* (Phot. © G.L.M.R.)

LE SORCIER DE LA GROTTE DES TROIS-FRÈRES

« Vue de face, cette tête a des yeux ronds pupillés entre lesquels descend la ligne nasale se terminant par un petit arceau. Les oreilles dressées sont celles d'un cerf ; sur le bandeau frontal peint en noir émergent deux fortes ramures épaisses sans andouillers frontaux, avec un seul andouiller court déjà assez élevé au-dessus de la base, après lequel chaque branche se coude vers l'extérieur pour se diviser à nouveau en deux à droite et trois à gauche. Il n'y a pas de bouche, mais une très longue barbe striée tombant sur la poitrine. Les avant-bras sont relevés et joints horizontalement, se terminant par deux mains juxtaposées, à doigts courts et tendus ; leur couleur est délavée, presque disparue. Une large bande noire cerne tout le corps, s'amincissant à l'ensellure lombaire et s'étendant aux membres inférieurs fléchis. Un point marque la rotule de gauche. Les pieds, orteils compris, sont assez soignés et marquent un mouvement analogue à celui de la danse du « Cakewalk ». Le sexe mâle, accentué, non érigé, est rejeté en arrière, mais bien développé, inséré sous une queue abondante (Loup ou Cheval) à petite houppe terminale. Telle est évidemment la figure que les Magdaléniens considéraient comme la plus importante de la caverne et qui nous paraît, à la réflexion, celle de l'Esprit régissant la multiplication du gibier et les expéditions de chasse. »

Abbé Breuil

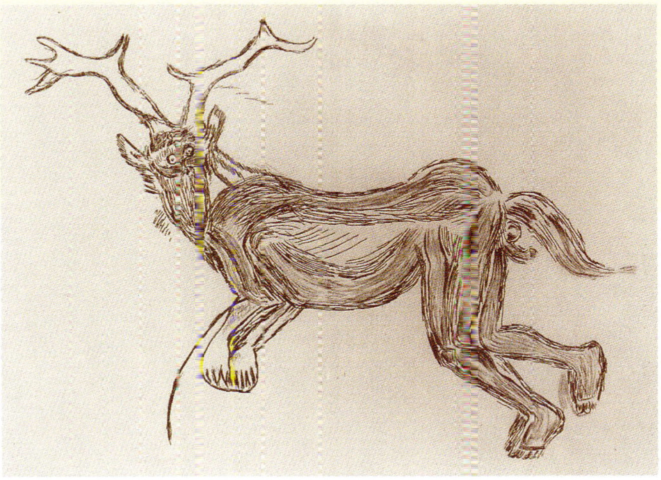

Grotte des Trois-Frères (Ariège). Relevé effectué par l'abbé Breuil du « sorcier ».
(Phot. J. Oster, © Collection musée de l'Homme.)

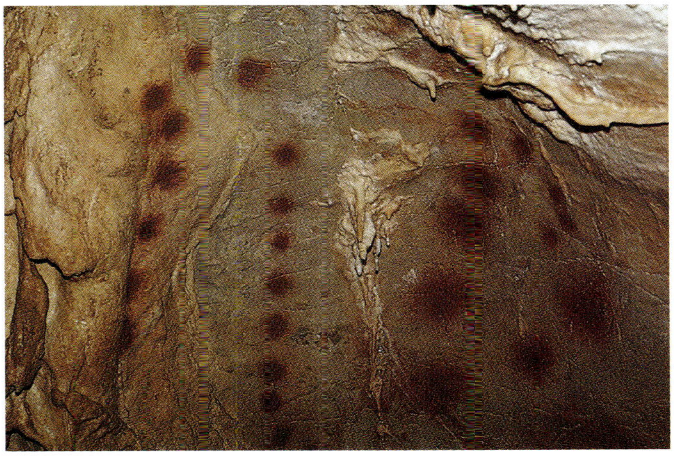

Signes peints en rouge (Le Pech-Merle, Lot). La présence de signes peints suggère l'idée de cérémonies rituelles, faisant de ces grottes des sanctuaires.
(Phot. © A. et D. Vialou).

Double page suivante : Salle des Taureaux, grotte de Lascaux. Au fond on distingue l'entrée du Diverticule axial, long couloir aux murs recouverts de somptueuses compositions polychromes.
(Phot. © Gamma.)

trêmement divers, des plus simples (points, lignes) aux plus complexes : bâtonnets ; triangles (généralement divisés par une ligne verticale) ; rectangles (avec une ou plusieurs lignes verticales à l'intérieur, en forme de peigne ou complètement vides) ; figures rayées aux traits obliques entrecroisés ; en forme de toit (inspirés de la structure des huttes) ; ovales, en forme de barque (avec un ou deux ovales l'un dans l'autre, ou avec un ovale coupé d'une ligne longitudinale), claviformes ; parfois avec des appendices, en forme d'oiseau, de coupe...

À LA RENCONTRE DU SURNATUREL

Si, aujourd'hui, la lumière infrarouge permet de reconstituer le processus de création, de décomposer les gestes, de banaliser en quelque sorte le métier du peintre, il faut se rappeler que les grottes n'étaient pas des galeries d'art ouvertes à la curiosité des chalands mais de véritables sanctuaires, des sortes de cathédrales qui devaient inspirer aux « fidèles » s'enfonçant dans le noir à la faible lueur des torches des émotions particulièrement fortes, des émotions leur faisant rencontrer un « surnaturel » dont nous cherchons désespérément les voies.

À la fin du XIXe siècle, lorsqu'on découvrit les premières grottes, les motifs qui recouvraient les parois semblaient si proches des goûts des contemporains qu'on formula l'idée que ces hommes avaient simplement voulu s'entourer de beauté, sans autre but que la satisfaction artistique. On imaginait que, bénéficiant de conditions de vie plus favorables, ils avaient pu dégager assez de temps libre pour décorer les cavernes qu'ils habitaient et les objets qu'ils utilisaient. L'art pour l'art, en somme.

On n'accordait alors aucune importance au fait que les représentations se situaient quasiment toutes au plus profond des grottes et presque jamais dans les campements.

Dans un deuxième temps, à mesure que les explorateurs européens découvraient d'autres cultures, celle des aborigènes d'Australie en particulier, on prit conscience que ces peintures

▲ *Ours sculpté, Laugerie-Basse (Dordogne).*
Avant que l'homme ne prenne possession des cavernes, il lui fallut parfois chasser les ours qui les occupaient. La fascination que l'ours pouvait produire sur l'homme est peut-être à l'origine d'un culte que l'on aurait porté très tôt à cet animal. (*Musée des Antiquités nationales, Saint-Germain-en-Laye. Phot. © Réunion des musées nationaux.*)

avaient une autre fonction que celle de « faire beau ». On développa l'idée que les chasseurs représentaient les animaux convoités et, par des pratiques magiques d'envoûtement sur leurs images, assuraient le succès de leur chasse.

L'abbé Breuil fut l'un des premiers à noter la présence de signes, ressemblant à des flèches, qui transperçaient les flancs des bisons et des chevaux de Lascaux ou de Niaux. Parfois même, l'animal représenté est presque entièrement détruit par des coups de sagaie ou des jets de pierres. Ainsi à Montespan, un ours sculpté et un cheval peint ont subi les assauts des habitants de la grotte, comme s'ils s'étaient livrés à une véritable cérémonie propitiatoire avant de partir à la chasse.

Mais qui dit pratiques magiques, dit sorcier. On a ainsi cru en repérer quelques figures, comme sur le bâton perforé de Teyjat, où ils apparaissent coiffés d'une tête de chamois leur descendant sur les épaules. Mais une telle représentation suggère au moins autant la ruse d'un chasseur caché sous une peau d'animal pour

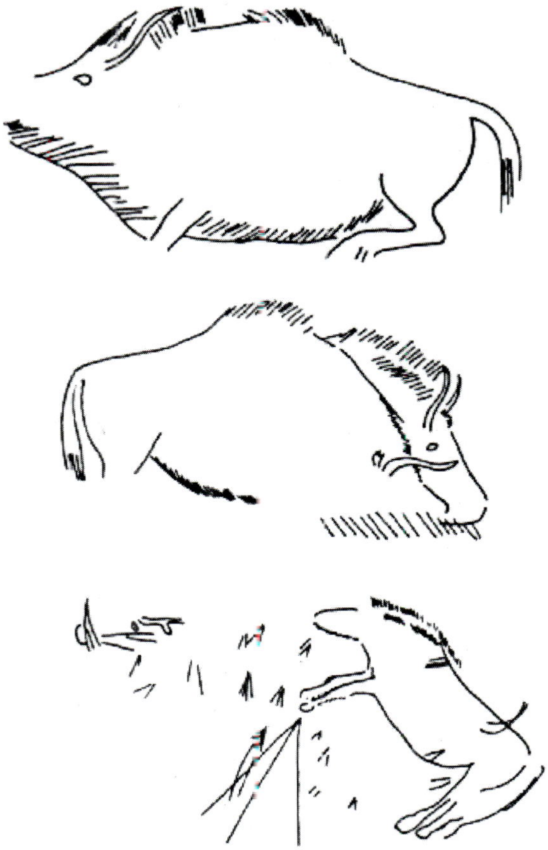

▲ *Bisons et cheval, Isturitz (Pyrénées-Atlantiques). L'artiste qui a gravé ces animaux a su les mêler adroitement dans une composition où l'échine de l'un des bisons est aussi la crinière du cheval. L'œuvre est agrémentée de signes qui n'ont pas livré leur sens véritable mais qui nous permettent de saisir dans cette image un symbolisme des associations d'animaux.* (Musée des Antiquités nationales, Saint-Germain-en-Laye. Phot. © Réunion des musées nationaux. Dessin Leroi-Gourhan.)

s'approcher du reste du troupeau que l'habit rituel du chaman ou du sorcier.

Séduisant, ce lien entre l'art et la magie posait toutefois de nombreux problèmes. Tout d'abord, les représentations incontestablement liées à une activité de chasse, comme pourrait l'être une scène figurant des hommes armés de sagaies poursuivant des animaux, sont extrêmement rares.

Surtout, le décalage, d'abord souligné par André Leroi-Gourhan puis quantifié par de nombreux chercheurs, entre la fréquence des espèces animales les plus chassées et celle des animaux les plus souvent dessinés est manifeste. En effet, bien que le cerf et le renne constituent l'essentiel de l'alimentation carnée dans l'espace franco-cantabrique, le bison et le cheval dominent dans les représentations artistiques. Si les peintures avaient été essentiellement inspirées par la magie et destinées à s'assurer une bonne chasse, il est surprenant que le gibier le plus rentable ne soit pas omniprésent dans l'art pariétal. Par ailleurs, l'hypothèse de la magie ne permet pas d'expliquer pourquoi cet art est si limité géographiquement, alors que les chasseurs du Paléolithique ont chassé le gros gibier dans de nombreuses régions d'Europe où les traces d'art sont fort rares.

Au début des années 1960, s'appuyant sur des études de terrain minutieuses et le comptage systématique des signes et des espèces représentés dans chaque grotte, André Leroi-Gourhan proposa une explication radicalement différente, en montrant qu'il existait une structure cohérente dans l'ornementation. À ses yeux, cette structure symbolique était de nature sexuelle. Se fondant sur les premières gravures représentant des sexes féminins et sur les « Vénus » des époques antérieures, il démontra que la plupart des signes, des plus simplifiés, comme le triangle fendu ou le trait garni de barbelures, aux plus complexes, comme les lignes de barbelés, étaient dérivés des premières représentations d'organes génitaux.

En outre, observait-il, ces signes ne se rencontrent pas n'importe où dans une grotte et ne sont pas associés à n'importe quel animal.

Cheval et bison, Le Roc-de-Sers (Charente). ►
Ce fragment de frise sculptée dans un bloc de calcaire n'est pas sans évoquer quelque bas-relief de l'art religieux médiéval.
(Musée des Antiquités nationales, Saint-Germain-en-Laye. Phot. © Réunion des musées nationaux.)

LES MYSTÈRES DE LA RELIGION

« A. Leroi-Gourhan a noté, non sans humour, que le problème des religions de la préhistoire s'entoure de la brume la plus épaisse [...] et que le préhistorien serait comme un extraterrestre et "mis en présence d'un calice non décoré et d'une coupe à champagne, d'un couteau de boucher et de celui d'un sacrificateur. Quel moyen aurait-il de reconstituer, même vaguement, le sens du sacrifice ? [...] Supposons que le même être intelligent, mais dénué du moyen de communiquer avec nous, étudie la religiosité européenne en visitant des églises. Il y verrait des agneaux, un âne et un bœuf, de nombreux personnages torturés, flagellés, blessés, [...] Quelle image restituerait-il de la pensée chrétienne ? Comment passerait-il de la superficie décevante des représentations à la profondeur mystique des concepts ? Lascaux n'est pas pour nous autre chose". »

B. et C. Delluc, « L'art en son enfance », *Notre Histoire,* n° 91, juillet-août 1992.

LA STYLISATION DES SEXES

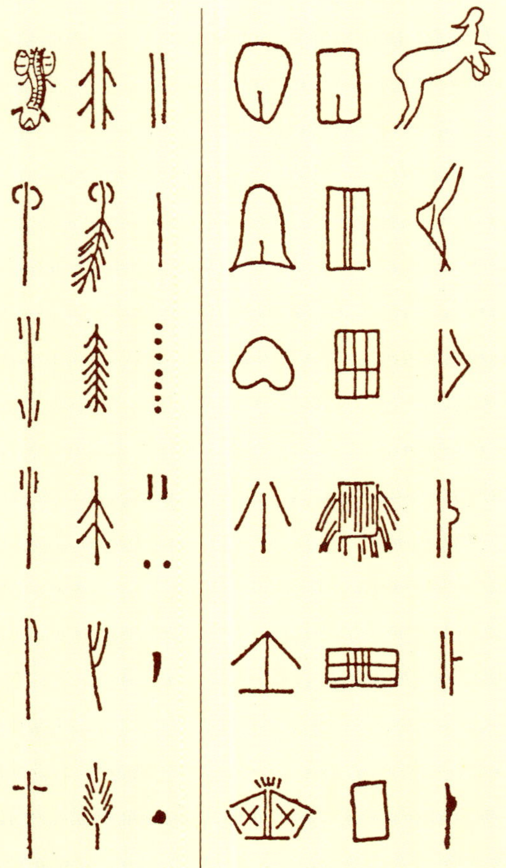

▲ *De haut en bas on peut suivre le passage des signes sexuels réalistes (profil de femme et vulve, dans la colonne de droite, phallus dans celle de gauche) à leur représentation abstraite. L'étude des signes et de leur signification a été menée de façon systématique à partir des années 1950 par André Leroi-Gourhan (1911-1986), qui entreprit une vaste exploration des comportements de l'homme du Paléolithique et de ses productions.*

(Dessin Leroi-Gourhan.)

Reconstituant l'organisation spatiale de la caverne de Lascaux et observant la fréquence et l'emplacement de certains animaux, il constata que si les cerfs se trouvent, dans 75 % des cas, à l'entrée ou au fond des sanctuaires, si le bison, le cheval, le mammouth et le bœuf occupent, à 90 %, le cœur des grands panneaux, les félins, l'ours et l'homme, c'est-à-dire les carnivores, se situent dans 75 % des cas aux tréfonds du site.

Ainsi, dans la théorie élaborée par le célèbre préhistorien, un triangle sur un bison, par exemple à Lascaux, ne signifie pas que l'animal a été blessé par une flèche mais que l'espèce bison est assimilée au principe féminin, comme l'aurochs et le mammouth, alors que le cheval est un symbole mâle. Et il en veut pour preuve l'extraordinaire séquence représentée au plafond du Pech-Merle où, en cinq gravures successives, l'artiste a transformé la silhouette d'un grand ruminant en un profil de femme.

Ainsi, nos lointains ancêtres auraient fondé leur cosmogonie sur l'équilibre de deux grands principes complémentaires, le principe mâle et le principe femelle, le yin et le yang en quelque sorte. Le respect de cet équilibre fondamental aurait entretenu la fécondité du groupe et l'aurait en même temps rassuré sur la bonne marche du monde.

Des découvertes récentes ont pourtant commencé à nuancer la parole du maître de la préhistoire moderne. Dans de nombreux petits sanctuaires de l'Ardèche, on ne trouve plus de couple bison-cheval mais une profusion inexplicable de mammouths. De même, au fond de la grotte de Niaux, l'animal vedette est... une petite belette, seule au milieu d'une large paroi. En fait, la vision d'ensemble proposée par André Leroi-Gourhan est trop systématique pour s'appliquer, sans variations, sur une période de 25 000 ans ! En outre, si les représentations des bisons étaient uniquement symboliques, comment expliquer le fait que ces animaux peuvent être aujourd'hui identifiés par des éthologues avec une précision extrême sur leur sexe, leur âge ou leur état (blessé, mort, gravide...) ? Si chaque animal est ainsi individualisé, comment peut-il être en même temps un stéréotype interchangeable ?

D'autre part, nous savons aujourd'hui que l'art a été particulièrement florissant au moment même où les conditions climatiques se détérioraient, au plus fort de la fin de l'ère glaciaire et immédiatement après. Les sites de cette époque témoignent de ce que la chasse au renne et au cerf est alors devenue intensive. Au fur et à mesure que les glaciers recouvraient l'Europe septentrionale et que de vastes espaces devenaient inhospitaliers, les plantes, les animaux mais aussi les hommes ont pu se réfugier dans le sud-ouest de l'Europe.

Cet accroissement de la population semble être la cause principale des changements observés dans le mode de subsistance entre 20 000 et 10 000 avant notre ère. Auparavant, on chassait sans doute le renne et le cerf en attaquant de petits groupes ou en poursuivant des animaux isolés. À partir de ce moment, d'immenses battues sont organisées sur le passage des troupeaux. Pour nourrir une population plus nombreuse, les chasseurs ont dû chercher à améliorer le rendement de la chasse, en préférant les espèces fournissant le plus de viande, comme les bisons et les chevaux. Ainsi a-t-on avancé l'idée que les représentations, plus réalistes que symboliques, seraient une sorte d'« aide-mémoire » destiné à faciliter la tâche du chasseur en lui fournissant toutes les informations utiles. Si les animaux sont souvent figurés de profil, c'est que cette perspective permet

▲ *Bison se léchant, gravé sur un bois de renne, La Madeleine (Dordogne). Cette gravure de 10,5 cm montre toute l'adresse de l'artiste, qui a su tirer profit d'une forme préexistante pour figurer ce bison.*

(Musée des Antiquités nationales, Saint-Germain-en-Laye. Phot. © Réunion des musées nationaux.)

▲ *Ensemble de chevaux, grotte Cosquer (Bouches-du-Rhône). Au Paléolithique supérieur, les hommes accédaient à pied sec à la grotte. Mais l'entrée fut noyée à la fin de l'ère glaciaire, vers 10 500 ans, lorsque le niveau de la mer remonta de 120 mètres, préservant ainsi ces dessins et gravures de toute incursion pendant des millénaires.*
(Phot. F. Broadcast, © Gamma.)

L'ÉVOLUTION DE L'ART PALÉOLITHIQUE

Les premiers signes de l'activité artistique sont des représentations symboliques de vulves gravées sur la pierre il y a près de 35 000 ans, comme à La Ferrassie. Puis les statuettes de "vénus"

Abri Blanchard.

Brassempouy.

Rouffignac.

– 35 000 – 30 000 – 25 000

au chasseur d'estimer la quantité de viande de la bête. Si la dimension de ces quartiers de chair est parfois exagérée, ce serait pour mettre en valeur cette partie de l'anatomie.

Cette observation vaut aussi pour le profil des ramures, dont la dimension permettrait de définir, comme à Lascaux, la taille des cerfs au cours des différentes saisons. Et si l'on peut voir des représentations de bouquetins lâchant d'énormes crottes, finement sculptées à l'extrémité des propulseurs provenant des Pyrénées, c'est que les excréments sont, pour les chasseurs, une véritable mine d'informations.

Tous ces indices auraient ainsi facilité la reconnaissance des traces, pistes et autres signes gardés en mémoire.

Une autre explication, due à David Lewis Williams, un chercheur sud-africain qui a beaucoup étudié les Bochimans du Kalahari, met en avant le chamanisme. Il part du principe que ces hommes ayant le même système nerveux que le nôtre pouvaient comme nous, par diverses méthodes (absorption de drogues, jeûne, musique...), parvenir à un état de transe pour avoir des visions et pénétrer dans un monde parallèle. Là, ils rencontraient des esprits qui allaient les aider. Par exemple, lorsque le gibier se faisait rare, le chaman se serait lancé à la recherche de l'esprit tutélaire des animaux pour le persuader de cesser de les retenir.

En fait, l'« évangile » de ces chasseurs est loin de pouvoir être lu. Nous pouvons seulement affirmer, et ce n'est pas si mal, que ces grottes étaient bien des sanctuaires, que l'art était bien une manière de s'adapter aux exigences de plus en plus complexes d'une vie collective, que ces communautés avaient conçu des formes de culte, qu'il y avait des maîtres parmi ces premiers peintres et que, surtout, si ces œuvres restent éloignées de notre compréhension, elles parlent toujours à notre sensibilité.

apparaissent entre 30000 et 25000 ans. Viennent alors les débuts de la peinture monochrome, sur les parois de Rouffignac par exemple. Il y a 20 000 ans, les sanctuaires se multiplient (Le Pech-Merle, Cosquer) et les premières fresques polychromes sont réalisées (les Trois-Frères). Elles évoluent vers des représentations plus magistrales il y a 15 000 ans, comme à Lascaux. Les grottes de Font-de-Gaume, de Niaux, des Combarelles conservent des œuvres de 13 000 ans environ, les compositions maîtrisées et les sculptures marquent l'apogée de l'art pariétal.

Les Trois-Frères.

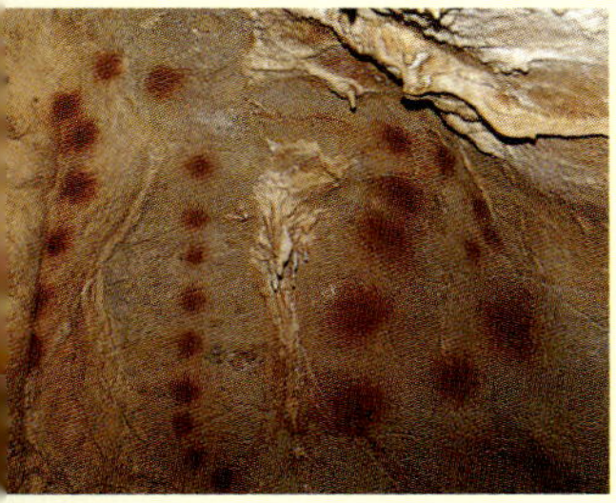

Le Pech-Merle.

Lascaux.

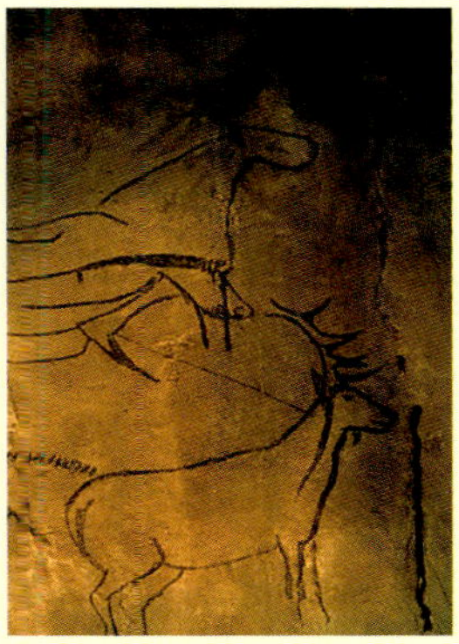

Niaux.

– 20 000 – 15 000 – 10 000

LES MAINS DE L'HOMME

Parmi les œuvres les plus énigmatiques laissées par les artistes de la préhistoire, figurent les surprenantes empreintes de mains que quelques grottes renferment en grand nombre.

Ainsi, la grotte de Gargas recèle cent cinquante mains rouges ou noires. Il s'agit généralement de « mains négatives », obtenues en projetant ou en tamponnant de la couleur autour d'une main appliquée contre la paroi, doigts écartés. Mais on trouve aussi des « mains positives » trempées dans de la couleur avant d'être apposées comme un sceau sur la roche.

Signature ? Affirmation du « moi » et de la personnalité ? Marque d'initié ? Identification tribale ? Toutes ces questions se posent à la vue de ces mains mystérieuses, semblables aux nôtres, vieilles parfois de plus de 20 000 ans.

Grotte Cosquer (Bouches-du-Rhône). (Phot. F. Broadcast, © Gamma.)

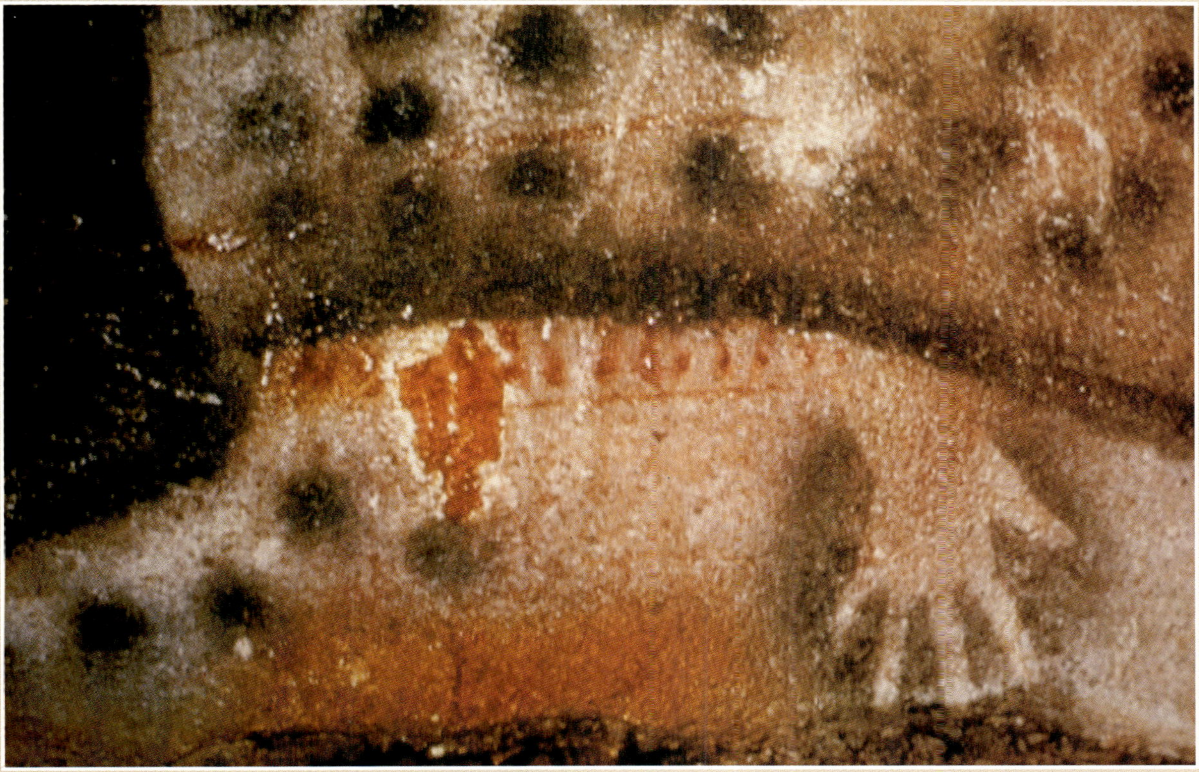

Grotte du Pech-Merle (Lot).
(Phot. B. et G. Delluc,
© Collection musée de l'Homme.)

Grotte de Gargas
(Haute-Garonne).
(Phot. N. Aujoulat, © Dép. Art
pariétal. Centre national
de préhistoire de Périgueux.)

CHAPITRE

5

LES PREMIERS PAYSANS

Vers 8000 avant notre ère disparaissent de l'actuel territoire de la France les grands troupeaux sur l'exploitation desquels étaient fondées la nourriture et la civilisation des chasseurs. Tout est alors en place pour que s'effectue une mutation fondamentale. Deux mille ans plus tard apparaissent dans les grottes du Midi les premières poteries, telles celles retrouvées à Oullins, dans les gorges de l'Ardèche. Ce sont les premiers témoignages de l'agriculture en France. Autrefois nomade, l'homme s'enracine alors dans un espace restreint. Désormais son horizon se fige.

◄ *Vase néolithique de la Baume d'Oullins (Gard).*
(Phot. B. Dupré, © Musée régional de préhistoire d'Orgnac-l'Aven.)

LE TEMPS DU REDOUX

Le temps, le temps qu'il fait, est évidemment pour beaucoup dans le bouleversement des modes de vie des chasseurs de la fin du Paléolithique. L'avènement d'un climat tempéré, tout à fait comparable à notre climat actuel, a eu, en effet, des répercussions considérables sur l'environnement écologique des hommes. Partout ruissellent les eaux libérées par la fonte des glaciers tandis que les mers recouvrent désormais les zones côtières.

Ainsi, vers 10 000 avant J.-C., la ligne de rivage de la Méditerranée était située à 60 mètres au-dessous de son niveau actuel au large du Petit Rhône. Quatre mille ans plus tard, elle n'est plus qu'à – 20 mètres. Sur la côte picarde on était également à – 60 mètres vers 9700 avant J.-C., et vers 5000 avant J.-C. le niveau de la « Manche » avait remonté et se trouvait à – 25 mètres au Havre.

Partout aussi, la steppe recule au profit d'une forêt dense de chênes et de hêtres dont la croissance est favorisée par le renforcement de l'humidité.

De telles perturbations ont affecté la faune. Tandis que le renne ou le bœuf musqué migrent en Europe du Nord, le mammouth et le rhinocéros laineux s'éteignent bientôt au profit des espèces favorisées par le climat tempéré et le développement des forêts : l'aurochs, le cerf, le sanglier et le lapin.

Insensiblement, au fil du temps, les hommes ont dû s'adapter à cet environnement différent. Les nourritures changent : beaucoup moins de gros gibiers, davantage de petits animaux faciles à

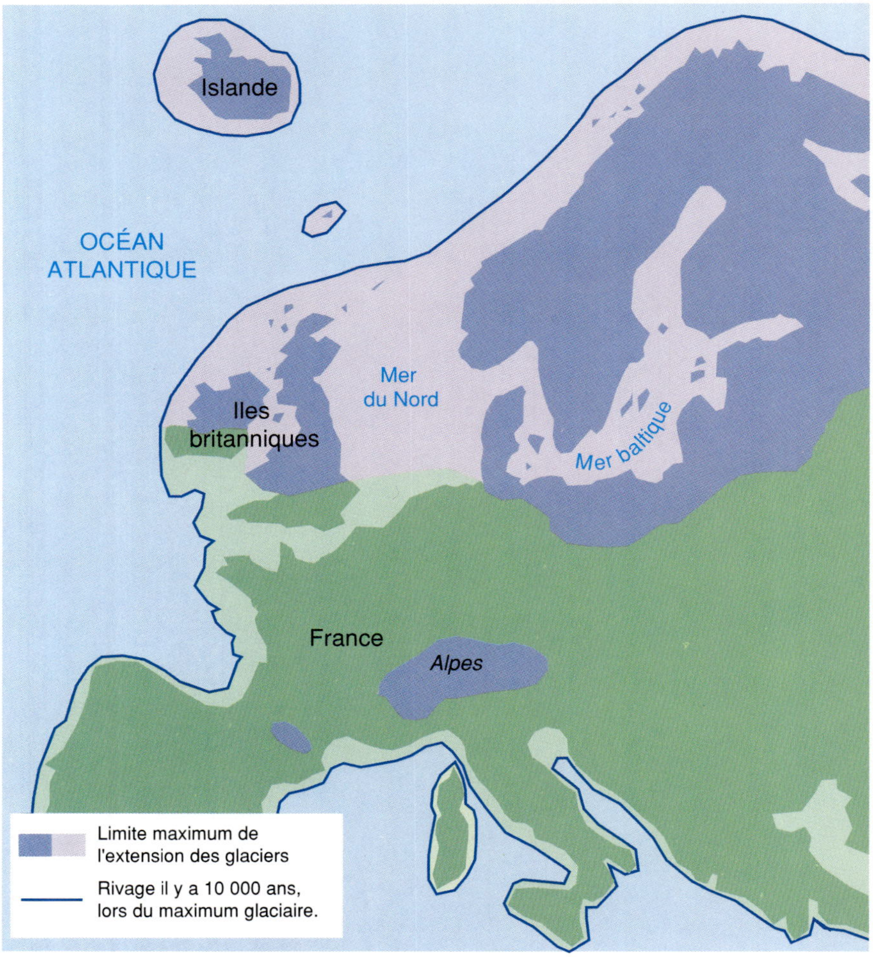

Carte de l'Europe pendant la dernière glaciation, il y a 10 000 ans.

piéger, davantage de noisettes, de châtaignes et de mûres, un recours plus fréquent encore aux poissons, aux mollusques et aux escargots, dont on a retrouvé les coquilles en amoncellements énormes mêlés à d'autres vestiges alimentaires.

Ces dégustateurs de bigorneaux et ces chasseurs de lapins sont longtemps apparus aux préhistoriens comme des pauvres hères. L'abandon des grandes traditions artistiques de l'époque antérieure, le développement du travail de l'os, la réduction de la taille des outils semblaient révéler la première période de « décadence » de notre histoire, tant il est vrai que les périodes « intermédiaires » sont particulièrement mal-aimées.

Tout se passe, écrivait-on il y a vingt-cinq ans, « comme si une population sous-développée, techniquement et culturellement, incapable de résoudre ses propres problèmes, ne pouvant utiliser la nature par le biais des inventions techniques comme l'avaient fait les hommes de la pierre ancienne, et ne sachant pas encore par l'agriculture et l'élevage obliger la nature à travailler pour elle, s'efforçait de survivre tandis qu'ailleurs des groupes humains plus dynamiques préparaient la révolution néolithique ». Une période d'attente, en somme, au cours de laquelle des hommes sous-développés auraient gaspillé l'héritage que leur avaient légué les fiers Cro-Magnon !

Cette vision pessimiste d'un « moyen âge » de la préhistoire n'est plus recevable. Cette longue période de transition – près de 4 000 années – qui s'étale entre les dernières civilisations des chasseurs et l'installation des premiers agriculteurs est au contraire marquée par le développement de nouveaux comportements et de nouvelles techniques qui démontrent l'ingéniosité de groupes qui se sont adaptés à un cadre écologique différent.

Sur le plan technique, tandis que sont insensiblement éliminés les harpons et les pointes en os, de tout petits outils en silex, les microlithes, font leur apparition. Longs de quelques centimètres et pesant parfois moins d'un gramme, de forme souvent géométrique, pointes, triangles, segments, trapèzes en viennent à former l'essentiel de l'outillage.

Si cette miniaturisation extrême marque bien le terme d'une évolution technique amorcée dès le début de l'industrie de la pierre et visant à réduire le poids et la dimension de l'outillage, elle montre l'habileté extrême de ces hommes qui ont taillé et retouché certaines pièces comme jamais on ne l'avait fait avant eux.

En fait, ces microlithes n'étaient pas des outils mais des éléments d'outils qui devaient être pour la plupart emmanchés et faire partie d'instruments en bois ou en os, la fixation des armatures étant assurée par des matières végétales servant de colle. Dans les zones tempérées et froides, les résines de bouleau et de conifères faisaient parfaitement l'affaire. Mais on utilisait aussi une glu obtenue par la cuisson de l'écorce interne du houx ou des tiges de gui.

▲ *Frise de bouquetins sur bois de renne (Le Mas-d'Azil, Ariège). Connaissant son apogée au Magdalénien, le travail sur bois de renne disparaît à l'Azilien en même temps que cet animal, qui remonte vers le nord de l'Europe.* (Musée des Antiquités nationales, Saint-Germain-en-Laye. Phot. © Réunion des musées nationaux.)

LE RÈGNE DES ARCHERS

▲ *Harpons plats aziliens (Le Mas-d'Azil). Ces instruments apparaissent plus frustes que ceux taillés auparavant par les Magdaléniens. Peut-être la chasse et la pêche sont-elles des activités moins vitales après la période des grandes glaciations, et les outils en deviennent moins soignés.* (Musée des Antiquités nationales, Saint-Germain-en-Laye. Phot. © Réunion des musées nationaux.)

Les microlithes nous mettent surtout sur la piste de l'arc, dont c'est la grande époque, un préhistorien affirmant même que l'invention de l'arc et de la flèche a eu autant d'importance pour l'homme de cette époque que celle de l'arme nucléaire pour l'homme moderne.

Sans céder à l'exagération, il faut toutefois admettre que l'arc a bien constitué un progrès technique considérable permettant d'accroître l'efficacité de la chasse, bien plus que ne l'avait fait le propulseur pour les chasseurs de rennes.

Jusque-là, en effet, on cherchait surtout à augmenter la masse du projectile, dans les limites compatibles avec la force du bras, et à approcher le plus près possible de la bête. Mais comme le mouvement de lancer ne pouvait passer inaperçu, la proie commençait à s'enfuir avant d'avoir été touchée. L'impact en perdait donc en précision et en puissance. D'où l'utilité de rabatteurs amenant de face l'animal, dont la charge pouvait cependant être mortelle pour le chasseur.

Avec l'arc, le problème est tout autre puisque désormais la vitesse du projectile est plus importante que sa masse. Les expériences ont montré que nos ancêtres avaient empiriquement calculé que l'optimum de l'efficacité était atteint par des flèches de 90 centimètres à 1 mètre de long, de 1 centimètre de diamètre, dont le fût pesait de 20 à 30 grammes et qui étaient armées d'une pointe de 0,5 à 1 gramme. À 50 mètres, ces flèches pénétraient plus que les plombs de chasse de calibre 14 et traversaient le gibier de part en part. Un grizzly de 450 kilos attaqué de face à 54 mètres est pénétré jusqu'à la face postérieure du corps, avec section de la veine cave.

Ainsi, la vitesse permet de tirer de plus loin, donc de sélectionner les bêtes et de réduire les risques de la chasse pour les archers. Désormais deux ou trois hommes peuvent remplacer la communauté. Pour la première fois sans doute dans l'histoire, la cellule sociale fondamentale devient un couple et ses enfants. Cette profonde transformation sociale, attestée par les nouvelles dimensions des sites, qui ne rassemblent plus que de 10 à 20 personnes, et par une forte augmentation de la population sur l'ensemble du territoire, s'accompagne d'une modification des rapports avec un animal moins redouté et moins présent.

Ainsi, en inventant l'arc, l'homme inaugurait une nouvelle civilisation qui rendait périmés vingt millénaires de tradition.

▲ *La grotte du Mas-d'Azil (Ariège) nous a livré une grande quantité d'objets variés, comme ces microlithes (grattoirs et pointes de silex), caractéristiques de l'outillage de dimensions réduites du Néolithique. La taille de ces objets, destinés à équiper les outils, implique une grande variété des instruments et un progrès technologique évident.* (Musée des Antiquités nationales, Saint-Germain-en-Laye. Phot. © Réunion des Musées Nationaux.)

C'est à peu près à la même époque qu'il semble aussi bénéficier des services de celui qui est son plus vieil ami, le chien. Les plus anciens ossements attribuables à cet animal sont ceux du gisement du Pont d'Ambon, en Dordogne, datés d'environ 9500 avant notre ère, mais les étapes de sa domestication nous demeurent encore mystérieuses. Certainement attiré par la présence de nourriture dans les campements, le chien a dû rôder de plus en plus fréquemment autour de ces sites, s'habituant du même coup à la présence humaine. Il est également probable que les hommes apprécièrent cet animal qui les débarrassaient des déchets alimentaires, tandis que les enfants trouvaient dans les jeunes chiots des compagnons de jeu idéaux. Cette relation de complémentarité a dû également se manifester dans la chasse, les chiens et les hommes s'aidant mutuellement dans la traque des proies.

Probablement mieux nourris par une chasse plus efficace, nos archers ont aussi montré du goût pour les nourritures accessoires que sont les escargots, les mollusques ou les grenouilles. Les sites connus montrent une telle accumulation de coquilles qu'on avait autrefois dépeint ces hommes comme des êtres faméliques réduits à fonder leur alimentation sur la chair des escargots. En fait, on estime aujourd'hui que ramasser des escargots ou attraper des grenouilles est plutôt le signe d'une vie faste qui laisse assez de loisirs.

On a en effet calculé que ces mangeurs de grenouilles bénéficiaient en moyenne de 2 500 calories par jour et par personne y compris les enfants, et que les rations minimales de protéines nécessaires à un homme adulte étaient toujours largement dépassées.

C'est la raison pour laquelle la population de la France triple au cours de cette période pour atteindre environ 50 000 habitants, répartis à peu près également sur tout le territoire. Pour la première fois de notre histoire, tout le terrain est occupé simultanément, à l'échelle des cantons et même des communes actuelles. Cette augmentation considérable de la population a ainsi contribué à la multiplication d'esprits inventifs, d'autant plus que la vie facile de nos archers laissait à l'imagination tout le temps de se développer.

▲ *L'immense grotte du Mas-d'Azil (Ariège), dont on découvre ici l'entrée sud, est un tunnel naturel traversé par l'Arize. Ce site a donné son nom à la culture azilienne, qui marque la transition entre le Magdalénien et l'industrie néolithique.* (Phot. Studio Pomies.)

Ossements d'animaux domestiques (Boury-en-Vexin, Oise). Plusieurs sites du Néolithique ont révélé des amoncellements d'os d'animaux, pour la plupart abattus encore jeunes, attestant la domestication de la chèvre, du mouton et du bœuf dès le VIe *millénaire.* (Phot. © P. Meniel.) ►

Reste toutefois à se poser la question de savoir pour quelles raisons l'art animalier a totalement disparu. Est-ce parce que l'homme a cessé de fréquenter les grottes à la suite du réchauffement climatique ? Est-ce parce que, la chasse devenant plus facile, il n'aurait plus eu besoin de recourir à la magie ou à la mémoire pour assurer son succès ? Toujours est-il que seul subsiste alors un art abstrait dont le caractère schématique suscite de nombreuses interrogations. Ainsi, si la disposition des traits et des points peints sur les galets plats retrouvés en abondance ne paraît pas livrée au seul hasard, quelle signification doit-on lui accorder ? Des combinaisons ont pu être repérées, qui semblent suggérer une véritable syntaxe. Selon certains préhistoriens, il pourrait s'agir d'un système de computation, peut-être en relation avec les lunaisons.

▲ *On a retrouvé plus d'un millier de ces galets peints dans la grotte du Mas-d'Azil (Ariège). Les traits et les points sont incontestablement les signes d'un langage qui demeure mystérieux.*

(Musée des Antiquités nationales, Saint-Germain-en-Laye. Phot. © Réunion des musées nationaux.)

▲ *Arc complet de Holmegaard (Danemark), semblable à ceux utilisés en France à l'Azilien. Ils étaient taillés dans du bois d'if, particulièrement souple et propice à cet usage.*

(Musée national, Copenhague, Phot. d'après H. de Saint-Blanquat, Les Premiers Français, *éd. Casterman. © Arch. Casterman.)*

LA NAISSANCE DE L'AGRICULTURE

La grande rupture que représente la diffusion de l'agriculture et de l'élevage ne s'est pas faite sans de longs préliminaires. Si le terme de « révolution » a pu être employé pour désigner cette grande mutation, cela ne signifie nullement qu'elle a été brutale.

Ces hommes qui connaissaient les moindres ressources des forêts, les herbes et les racines, les fruits et les graines, en savaient largement assez pour envisager un jour de nouvelles relations avec la nature. Bien avant de cultiver les plantes, on devait savoir comment les domestiquer, tout en continuant à tirer de la chasse et de la cueillette l'essentiel de la nourriture. D'ailleurs, les plus anciens témoignages d'agriculture ont été découverts dans des régions où poussaient déjà à l'état sauvage les ancêtres de nos céréales actuelles.

Ainsi, dans les fouilles récentes entreprises dans l'Hérault, le Gard, le Var (la grotte de Fontbrégoua) et l'Aude, on trouve, datés du VIIe millénaire avant notre ère, de nombreux vestiges végétaux carbonisés qui non seulement entraient dans l'alimentation mais encore étaient stockés dans les habitations. Ce sont des noisettes, des pépins de raisin et, surtout, des lentilles et des pois chiches.

Des grains d'orge et de blé carbonisés ont été retrouvés dans la grotte de Châteauneuf-lès-Martigues (Bouches-du-Rhône). Ces céréales étaient déjà cultivées en Orient dès le VIIe millénaire et furent importées en Europe il y a 5 000 ans. (Phot. © J. Courtin, C.N.R.S.)

L'étude des dernières communautés de chasseurs-collecteurs nous aide à mieux cerner le mode de vie des hommes de la préhistoire. Ainsi, dans les vallées du Sacramento et du San Joaquin, en Californie, les Indiens chasseurs sont capables, en stockant, après les avoir séchés, des glands de plusieurs espèces de chênes, d'assurer la nourriture de 40 personnes sur 100 kilomètres carrés, soit une densité supérieure à celle des Indiens agriculteurs de l'est des États-Unis. Une observation qui montre à quel point la naissance de l'agriculture ne peut plus être considérée comme une rupture « révolutionnaire », brusque et sans transition, dans l'histoire de l'humanité.

Nos premiers « Français » avaient-ils donc commencé à produire leur nourriture avant que la culture du blé et de l'orge soit importée d'Orient ? Des indices, tels les larges couteaux en silex retrouvés à Rouffignac, en Dordogne, qui portent sur la lame un lustré habituellement présent sur les faucilles, peuvent peut-être le laisser supposer.

La question de l'existence, dès cette époque, de l'élevage, se pose également. Les preuves semblent là plus convaincantes, notamment à Châteauneuf-lès-Martigues, où, dès le VIe millénaire, la présence du mouton, probablement domestique, est attestée. Dès lors, cet animal va bientôt prospérer à un tel point qu'il transformera le paysage de manière irréversible.

Toujours à cette même époque, la Méditerranée n'est plus une barrière, l'homme sachant fabriquer des embarcations sommaires taillées dans des troncs d'arbres et naviguer le long des côtes. Jusqu'alors interdite, la mer permet désormais de

▲ *Meule dormante en grès provenant d'Ailly (Calvados) et broyeur de granite (Dolmen de Kersigno, Finistère). Les premières meules ont été de simples pierres plates avant d'être excavées à l'aide d'une pierre dure. Broyeur et meule étaient régulièrement entretenus pour obtenir la meilleure mouture.*

(Musée des Antiquités nationales, Saint-Germain-en-Laye. Phot. © Réunion des musées nationaux.)

L'EXPÉRIENCE DE JACK HARLAN

« Il y a quelques années, cet anthropologue [Jack Harlan] fit, en Turquie orientale, une très intéressante expérience. Après avoir essayé d'abord à mains nues, il entreprit de moissonner l'épeautre, là où cette graminée poussait spontanément, à l'aide d'une authentique lame de silex âgée de 9 000 ans et qu'il avait emmanchée. Il récolta près de 3 kilos de graines en une heure ! Selon ses conclusions, un groupe familial se déplaçant dans une zone à céréales sauvages pouvait en un mois récolter assez de graines pour attendre l'année suivante.

Un tel comportement, s'il ne nécessitait pas la sédentarité, impliquait au moins un retour périodique vers les endroits les plus riches. Nul doute que les chasseurs-collecteurs, bons observateurs, aient pu très vite comprendre le cycle de développement des céréales et passer ainsi de la collecte à la production. Peut-être ont-ils pu commencer par « gérer » les prairies naturelles en enlevant les herbes gênantes et augmentant ainsi la surface productrice, en chassant les animaux concurrents… D'ailleurs, l'agriculture n'est peut-être pas née là où les prairies naturelles de graminées comestibles donnaient une récolte suffisante – pourquoi cultiver quand la collecte des produits sauvages suffit ! –, mais plutôt là où elle ne l'était pas, à la périphérie moins ou peu fertile des zones qui n'assuraient pas une récolte substantielle. »

Albert Ducros,
Préhistoire de la France, Nathan, 1983.

nombreux échanges tant culturels que techniques entre les différents peuples.

À ce moment s'amorce réellement la « néolithisation » de la France, c'est-à-dire un changement au moins aussi important pour notre histoire que celui qui vit au XIXe siècle la naissance et le développement de l'industrie.

Le développement de l'agriculture entraîna en effet un bouleversement essentiel à la fois du mode de vie et des mentalités, donnant en particulier naissance à une notion nouvelle, promise à un bel avenir, le rendement. Comme l'explique G. Camps, « l'homme apprit qu'en défrichant, qu'en semant et qu'en sarclant, son effort du jour serait récompensé dans une saison future par un apport alimentaire très largement supérieur à celui qu'il avait confié au sol ». Du même coup, il dut calculer, spéculer et analyser les causes des calamités afin d'y porter remède.

Avec le passage d'une économie de prédation telle que la connaissaient les chasseurs-cueilleurs à une économie de production, l'homme dut s'habituer à toute une série d'opérations jusqu'alors étrangères à son univers mental. Afin de prévoir et d'assurer la récolte suivante, il dut aussi apprendre à soustraire et à garder suffisamment de grains pour les prochaines semences, à additionner et à multiplier pour prévoir le rendement et enfin à diviser pour distribuer à chacun sa part. Pour la première fois, il sut ce qu'était gagner son pain à la sueur de son front.

On ne sait aujourd'hui qui est à l'origine de l'introduction de l'agriculture en France. S'est-elle développée à la suite d'une migration de population la pratiquant déjà ? Ou bien est-elle simplement liée à l'évolution des pratiques de la population indigène ?

Seul est assuré le fait que les premiers paysans ont fait leur apparition dès 10 000 avant notre ère en Turquie, en Palestine, en Irak et en Iran.

Autre certitude, l'introduction de l'agriculture en France s'est faite suivant deux axes qui joueront tout au long de notre histoire un rôle essentiel : au sud par la Méditerranée, et à l'est par le Danube, depuis une voie qui, partie du nord des Balkans, gagne l'Europe centrale avant d'atteindre le Bassin parisien. Deux « portes naturelles » par lesquelles, tout au long de notre histoire, pénétreront les influences étrangères.

GENS DU NORD, GENS DU MIDI

C'est dans la France du Midi que, pour la première fois, l'homme a poli la pierre, édifié des villages, pratiqué l'agriculture et fabriqué des poteries décorées avec des motifs imprimés exécutés à l'aide du rebord d'un coquillage, le cardium. D'où l'adjectif « cardial » qui a servi à désigner l'ensemble culturel qui a recouvert la Méditerranée occidentale.

▲ *Céramique cardiale (Châteauneuf-lès-Martigues, Bouches-du-Rhône) et coquille de cardium (à gauche). L'impression des crénelures de ce coquillage servait à la décoration des poteries.*
(Phot. D. Destable, © Collection musée de l'Homme.)

On a retrouvé en effet des poteries étonnamment voisines en Toscane, en Ligurie, en Corse et dans le bas Languedoc. De même, certains vases du midi de la France ont été fidèlement copiés jusqu'en Espagne, dans la région de Valence.

Réalisée par impressions, sur la pâte fraîche, de cardium, de coups d'ongle ou de dents de peigne, la décoration de ces poteries présente un aspect assez varié et se limite le plus souvent à la partie supérieure : points, lignes horizontales, verticales, en zigzag ou en croix, formant des sillons ou des bourrelets.

Cette civilisation du Cardial se caractérise aussi par plusieurs autres innovations, notamment la fabrication de haches de pierre polie et le polissage de bracelets.

C'est bien un autre mode de vie qui se diffuse lentement à partir de 5000 avant notre ère dans les basses Alpes, en Ardèche, dans les Cévennes occidentales, dans la Montagne Noire. L'extension à l'intérieur des terres oscille entre 50 et 100 kilomètres, ce qui est peu.

Ces gens, probablement venus par la Méditerranée, que les archers ont vus s'établir et auxquels ils ont fait volontiers de la place, n'avaient d'ailleurs rien de « révolutionnaires ». S'ils pratiquent massivement l'élevage du mouton, développent celui du bœuf et du porc et cultivent les terrains les plus favorables, la chasse continue à jouer un rôle capital, ainsi que la pêche que l'on pratique même en haute mer, comme en témoignent les restes d'un espadon retrouvés dans un village aujourd'hui englouti sous les eaux de l'étang de Leucate (Aude).

Et si les premiers villages font leur apparition, la majorité des sites d'habitat restent des grottes ou des abris-sous-roche.

Le premier village connu en France est celui de Courthézon, dans le Vaucluse, daté de 4650 avant notre ère. Les sols de deux cabanes, empierrés de gros galets de quartzite, y ont été dégagés ; l'une d'elles, de forme ovale, mesure 4,80 m sur 4,40 m. La superstructure devait être en matériaux légers.

Meules et lames attestent avec certitude la culture de céréales.

Ainsi, cette « néolithisation » des provinces méridionales nous offre le tableau de très petits groupes humains qui, par contacts maritimes épisodiques avec les régions méditerranéennes plus lointaines, ont eu connaissance de techniques nouvelles dont ils ont assimilé un certain nombre avec succès, mais sans véritable rupture avec le passé. L'exemple de l'abri Jean Cros, dans les Corbières occidentales, est une bonne illustration de cette combinaison d'activités anciennes et modernes.

Situé sur un plateau recouvert de bois et d'étendues herbeuses, cet abri servait deux fois l'an, au printemps et à l'automne, de gîte-étape pour les bergers.

À la sortie de l'hiver, la communauté confiait à un petit nombre d'hommes la tâche de conduire le troupeau vers les hautes terres riches en herbe.

Une fois le camp de base quitté et les premiers contreforts des Corbières atteints, ces hommes, tout en veillant sur les

Vase néolithique (Belloy-sur-Somme).
Avec l'apparition de l'agriculture, l'homme se trouve dans la nécessité de conserver les produits qu'il récolte et de les faire cuire dans des récipients adaptés, ce qui favorise le développement de la poterie.
(Musée des Antiquités nationales, Saint-Germain-en-Laye Phot. © Giraudon.)

moutons, retrouvaient leurs habitudes de cueilleurs et de chasseurs, collectant les végétaux, traquant le sanglier et, plus rarement, le cerf.

Avec les premiers mauvais jours, les bergers, qui avaient poussé les bêtes plus haut pour atteindre l'estive, revenaient au camp de base, effectuant le chemin en sens inverse.

Ainsi, dans ces premières communautés de paysans, élevage et cueillette tenaient encore une large place même si certains individus pouvaient se voir assigner des tâches plus précises.

Si les gens du Midi ont procédé lentement, ceux du Nord ont été plus rapides. Venus d'Europe centrale, de la moyenne vallée du Danube, ils se sont introduits en France par les grands axes de circulation et surtout par les rivières, laissant les archers continuer leur vie de chasse dans les grandes forêts vierges de chênes et de tilleuls.

En effet, ces «colons» qui se répandent de proche en proche n'occupent pas tout le territoire mais recherchent de façon sélective les terroirs qui conviennent le mieux à la culture des céréales, en particulier les zones à sol léger et très fertile que sont les régions couvertes de lœss, ce dépôt qui s'était formé en abondance en Europe centrale au cours de la dernière glaciation.

C'est sur ces terres qu'ils cultivent le blé et l'orge, les pois et les lentilles. À la différence des gens du Midi, la viande qu'ils consomment est fournie à plus de 80 % par l'élevage, la part de la chasse étant très faible.

LES ANCÊTRES DES ANIMAUX DOMESTIQUES

Animal domestique	Époque	Ancêtre sauvage	Lieu
chien	11 000 av. J.-C.	loup	nombreux endroits
mouton	8000 av. J.-C.	mouton sauvage	Irak, Iran, côte du Levant
chèvre	8000 av. J.-C.	bézoar (chèvre sauvage)	monts Zagros (Iran), Irak
cochon	7000 av. J.-C.	sanglier	Proche-Orient (Anatolie)
bovin	8000 av. J.-C.	aurochs	Proche-Orient et peut-être Europe
cheval	4000 av. J.-C.	cheval sauvage	sud de l'Ukraine
chameau à une bosse	3000 av. J.-C.	chameau sauvage	sud de l'Arabie
chameau à deux bosses	2500 av. J.-C.	chameau sauvage	Turkménistan, Iran
bovin balinais	3500 av. J.-C.	banteng	Java ou Inde
chat	7000 av. J.-C.	chat sauvage	Proche-Orient
âne	3500 av. J.-C.	âne sauvage	nord-est de l'Afrique
yack	6000 av. J.-C.	yack sauvage	montagnes du Tibet
lama	4000 av. J.-C.	guanaco	plateau des Andes
alpaga	4000 av. J.-C.	guanaco	plateau des Andes
oie	3000 av. J.-C.	oie cendrée	sud-est de l'Europe, nord-est de l'Afrique

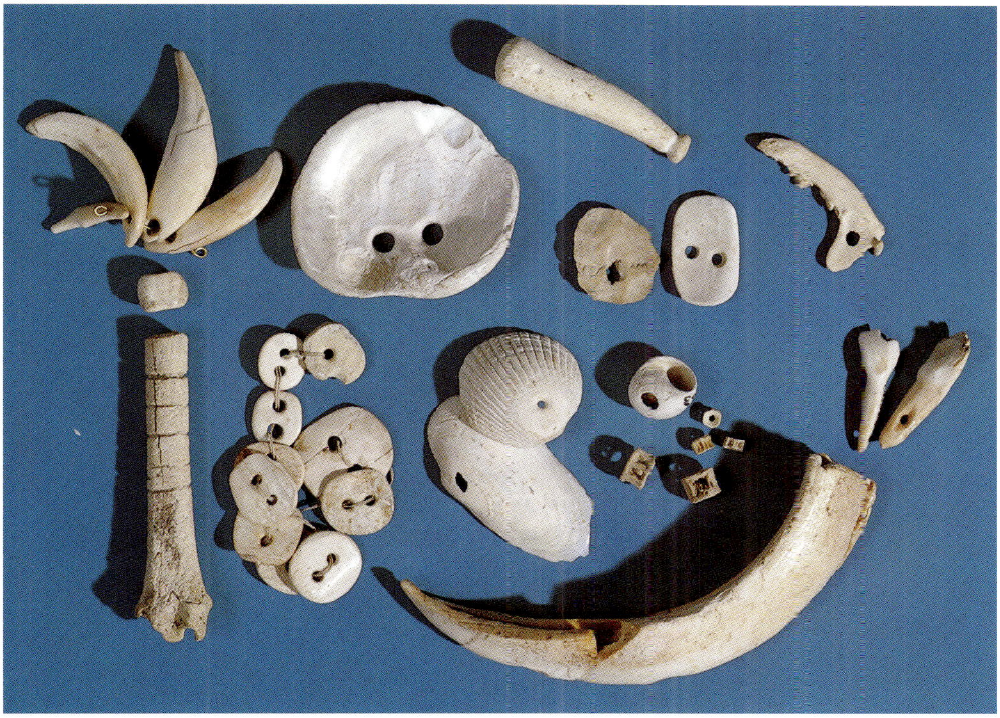

▲ *Parure du Néolithique : os, coquillages et dents (vallée de la Marne).*
Avec le développement des communautés regroupées dans les villages, les marques de hiérarchie et les échanges entre groupes ont multiplié les ornements.
(Musée des Antiquités nationales, Saint-Germain-en-Laye. Phot. © Réunion des musées nationaux.)

Et leurs poteries sont fréquemment décorées d'incisions en spirale, en méandre ou en volute gravées sur l'argile fraîche. D'où le nom de « civilisation rubanée » donnée à cette société du nord de la France.

Surtout, contrairement à ce qui se passe dans le Midi, l'installation de villages accompagne automatiquement l'annexion des meilleures terres. Vers 4500 avant notre ère, on voit les « colons » construire leurs longues maisons. C'est dans la vallée de l'Aisne, à Cuiry-lès-Chaudardes, qu'a été mis au jour le premier village « danubien ». Les fouilles ont permis de dégager de nombreuses maisons, longues de 10 à 40 mètres, larges de 6 à 8 mètres, qui sont parmi les plus grandes de la préhistoire européenne.

La reconstitution d'une de ces maisons, qui ressemblent aux fermes traditionnelles telles qu'on devait encore en bâtir jusqu'à la fin du XIXe siècle, permet de se faire une idée précise de leur habitat.

Sa construction, qui avait nécessité l'abattage de six cents arbres, s'était effectuée en tenant probablement compte de l'orientation des vents, la porte se trouvant du côté opposé aux vents les plus violents. Le toit à double pente, constitué de chaume ou de roseaux cousus par bottes sur plusieurs épaisseurs, reposait sur une série de poteaux internes tandis que les murs étaient soutenus par des poteaux externes.

Ces demeures des premiers paysans français abritaient nécessairement plusieurs familles, ce qui implique une population oscillant entre 50 et 170 habitants par village. Lorsque la communauté, en raison de l'accroissement démographique, dépassait un certain seuil, plusieurs familles s'en détachaient pour fonder un nouveau village sur des terres vierges.

Ils pratiquaient une agriculture temporaire sur brûlis, qui consistait très certainement à brûler les bois avant d'ensemencer la terre, jusqu'à épuisement du sol, ce qui entraînait le départ de la communauté. Toutefois le site ancien pouvait, une fois sa régénérescence assurée par le rétablissement de la forêt, être réexploité par un nouveau groupe qui, à son tour, brûlait, ensemençait, etc.

De nombreuses hypothèses ont été émises au sujet de la répartition des tâches et du rôle social

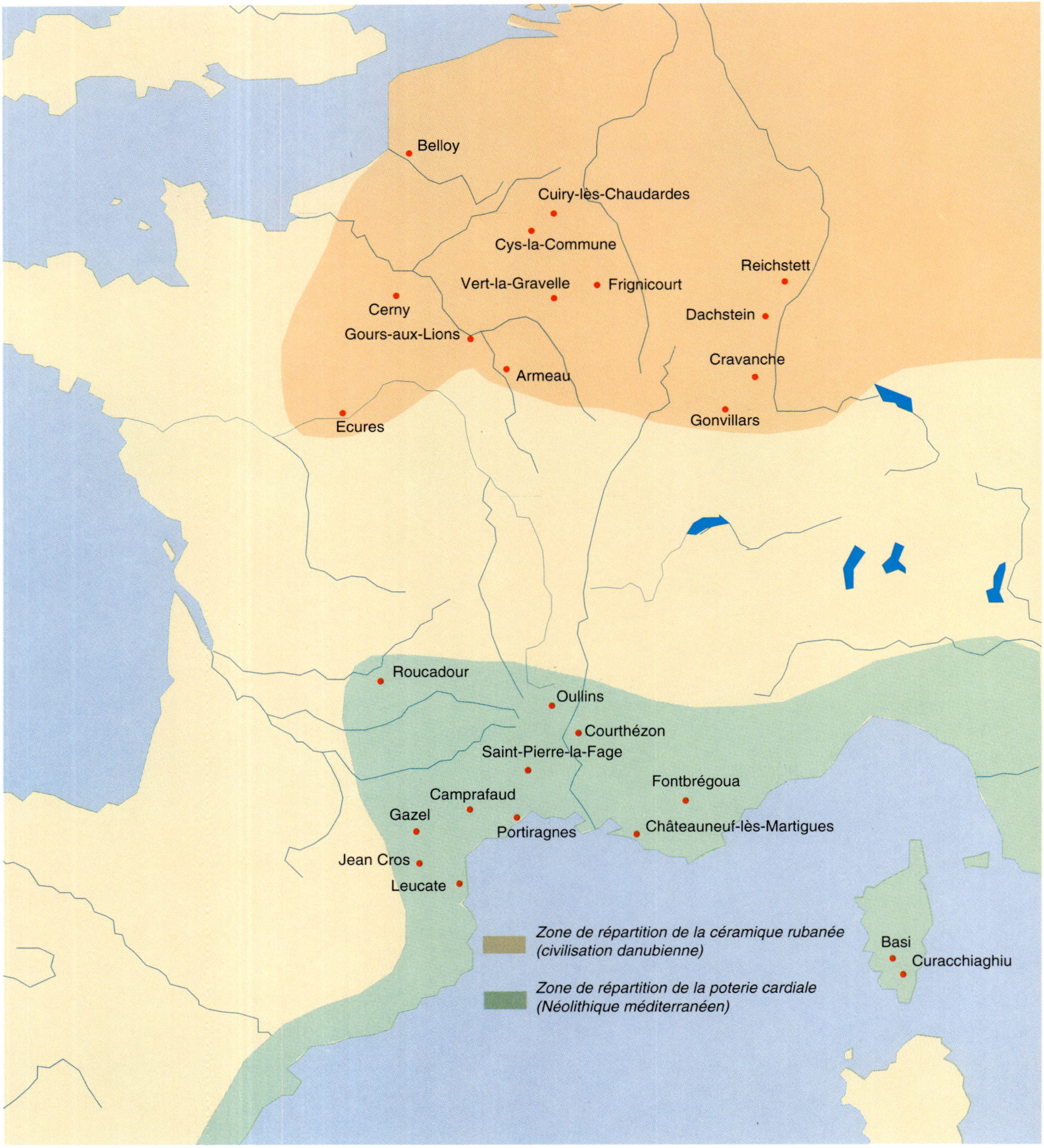

▲ *Principaux sites du Rubané et du Cardial, en France, au Néolithique (du VIe au IVe millénaire).*

« L'ÂGE D'OR » DES CHASSEURS-COLLECTEURS

« Lorsque les ethnologues se mirent à l'école de la réalité, qu'ils vécurent au contact des « primitifs » pendant un laps de temps suffisant et qu'ils mesurèrent le temps et les quantités, ils se rendirent compte que ces miséreux jouissaient d'un certain bien-être, que la quête de nourriture n'était nullement le problème oppressant que les âmes généreuses avaient imaginé. [...].

Qu'on en juge par l'exemple de ces mêmes Bushmen condamnés à la disparition par la misère physiologique et la famine. Voici l'image que nous en donne R. Lee dans deux études récentes. Les Kung Dobe, confinés dans une région semi-désertique du Botswana, bénéficient de ressources alimentaires copieuses et variées, essentiellement végétales. Or 65 % de la population seulement se consacrent à la quête de nourriture, mais ces 65 % « travaillent 36 % du temps et 35 % de la population ne travaillent pas du tout ». Pour chaque travailleur, cela fait environ 2 jours de travail par semaine, à raison de 6 heures par jour. La semaine de travail du Bushman Dobe est donc approximativement de 15 heures. Nous sommes bien en deçà de la semaine de 35 heures réclamée aujourd'hui dans certaines démocraties. L'analyse montre que la journée de travail moyenne est de 2 heures 9 minutes. Ces Bushmen consacrent infiniment plus de temps à vaquer, à se rendre visite, à se livrer à des occupations peu astreignantes, qu'à chasser ou à cueillir les noix mongo dont la richesse en protéines est considérable. Les Dobe consomment environ 300 noix par jour, ce qui correspond à 1 260 calories et 56 g de protéines, l'équivalent d'un beefsteak de 450 g ! »

Gabriel Camps,
La Préhistoire,
Librairie Académique Perrin, 1982.

joué par chacun au sein de la communauté danubienne. Les femmes semblent avoir tenu une place importante parmi ces gens du Nord. En témoignent les riches sépultures auxquelles certaines ont droit, comme celle de cette jeune femme, enterrée à Vert-la-Gravelle, dans la Marne, et parée de perles et de coquillages.

Ainsi, l'implantation de l'agriculture sur notre territoire distingue déjà deux France, la France cardiale du Midi et la France rubanée du Nord, qui se sont développées indépendamment l'une de l'autre. Reste à se poser la question de savoir ce que ces gens ont « gagné » en devenant paysans, en se gardant d'interpréter l'histoire de l'humanité comme une marche irréversible vers le « progrès ». Pourquoi les chasseurs-cueilleurs n'ont-ils guère éprouvé le besoin de se convertir à ce nouveau mode de vie ? C'est qu'en fait, à court terme – mais l'homme vit-il jamais autrement qu'à court terme ? –, l'agriculture imposait un surcroît de travail que rien ne semblait justifier. On a ainsi calculé qu'ils devaient consacrer entre trois et cinq heures par jour à la quête de leur nourriture, ce qui fait dire à un anthropologue américain qu'il s'agit d'un emploi du temps de banquiers !

▲ *Vase en céramique rubanée (2500-2000 avant J.-C.). Les céramiques rubanées sont largement répandues dans le nord-est de la France. Le plus souvent hémisphériques, à fond rond et sans poignée, comme ici, elles présentent une grande unité de forme.* (Musée des Antiquités nationales, Saint-Germain-en-Laye. Phot. © Lauros-Giraudon.)

Avec l'agriculture, l'homme était conduit à travailler davantage. Piégé par le développement technique, il se condamnait aux travaux forcés à perpétuité. Ainsi s'enclenchait il y a 7 000 ans en France un processus continu d'enracinement dans un espace limité par un horizon qui allait se figer. Au vaste territoire parcouru par les chasseurs succédait le terroir restreint des communautés villageoises.

MARQUER SON TERRITOIRE

Avec la naissance et le développement de l'agriculture, apparaît une nouvelle relation de l'homme avec l'espace. Semailles et moissons nécessitent en effet l'attachement à un terroir déterminé. En même temps, des systèmes de fossés et de palissades manifestent le souci nouveau de marquer son territoire et d'en contrôler l'accès, tandis que de vastes maisons collectives resserrent les liens entre les individus. Ainsi disparaît la période où la nourriture était abondante et accessible sans effort. En devenant paysan, en cultivant les produits, en les stockant pour les périodes incertaines, l'homme devenait aussi moins insouciant.

Reconstitution d'une maison danubienne. (Phot. © E.R.A. 12 du C.N.R.S.)

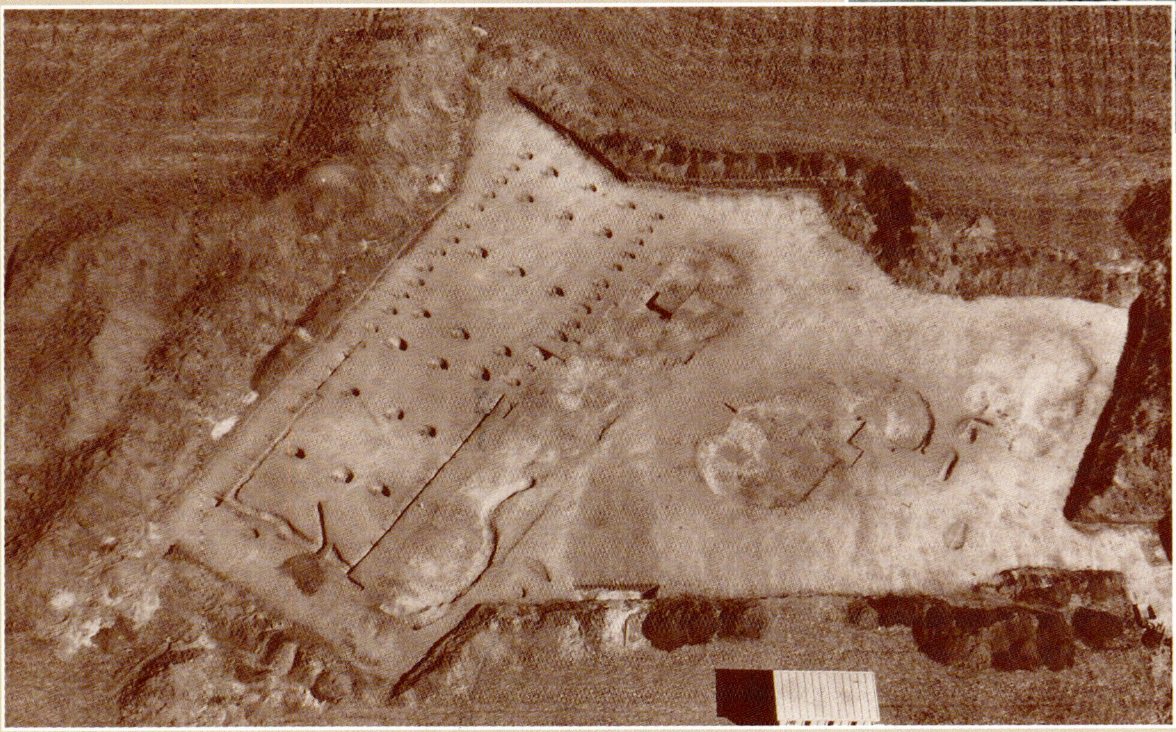

Vue aérienne du site. (Phot. R. Agache, © Sous-direction de l'archéologie d'Amiens.)

On a mis au jour sur le site de Cuiry-lès-Chaudardes (Aisne) les fondations de plusieurs grandes maisons danubiennes. Comme le montre la vue aérienne, ces maisons étaient toutes construites sur le même modèle rectangulaire, avec une toiture soutenue par trois rangées de poteaux internes. On aperçoit également les fosses creusées pour la fabrication du torchis et qui furent ensuite utilisées comme poubelles. Les trous dans lesquels étaient fichés les poteaux sont les seuls vestiges de ces demeures que l'on a reconstituées.

Fondations d'une maison : emplacement des poteaux.
(Phot. © E.R.A. 12 du C.N.R.S.)

Les premiers Français et nous

Quelles traces conservons-nous aujourd'hui de cette immense période de notre histoire au cours de laquelle l'espace géographique qu'on appelle la France a été parcouru de long en large par des groupes de chasseurs-cueilleurs ? Quelles traces aussi reste-t-il de ces premiers paysans qui ont, pour la première fois, retourné la terre avec leurs fragiles araires, domestiqué les moutons et les chiens et édifié les premiers villages ?

« Ne dites pas que la Préhistoire n'est pas l'Histoire ! Ne dites pas que la Gaule n'existe pas avant la Gaule », écrivait Fernand Braudel dans *L'Identité de la France,* « [...] ces masses inconcevables de temps vécu, entassées les unes sur les autres, glissent jusqu'à nous, si imperceptiblement que ce soit. »

Ce cri du cœur d'un historien de la longue durée est constamment vérifié par les découvertes qui ont bouleversé la perception de nos origines. Alors qu'il y a une trentaine d'années encore, les tout premiers Français étaient décrits comme de pauvres hères, des êtres misérables condamnés à la même errance que les bandes de gorilles, la patience des fouilleurs nous révèle des trésors d'humanité et d'intelligence qui comblent la distance entre ces hommes qu'on appelait « primitifs » et ceux que nous appelons « modernes ».

À Soleilhac, en Haute-Loire, il y a environ un million d'années, des hommes ébauchaient l'aménagement d'un espace en levant des blocs au bord de la plage d'un ancien lac. Il y a 700 000 ans, près de Nice et dans la basse vallée de la Durance, ils maîtrisaient le feu et organisaient autour du foyer les premiers usages d'une vie sociale. Il y a 50 000 ans, ils enterraient leurs morts, disposaient des offrandes auprès des corps et prenaient soin des infirmes qui ne pouvaient concourir à la quête de nourriture pour le groupe. Il y a 30 000 ans, ils devenaient métaphysiciens, poètes et artistes et dessinaient des œuvres pleines de force et de vie dont la qualité esthétique nous stupéfie.

Ainsi, la néolithisation, qui était autrefois présentée comme la grande révolution de l'histoire humaine, le passage décisif de la cueillette et de la chasse à l'agriculture et à l'élevage, le « grand bond en avant » qui aurait permis à l'homme d'être mieux nourri, de croître et de se multiplier, n'éclate pas franchement comme un éclair dans un ciel serein.

On croit bien en effet que cette mutation a été fort lente, que les transformations se sont opérées pendant plusieurs millénaires. Mieux, certains aujourd'hui nuancent la réalité de ce progrès, affirmant que les artistes chasseurs consacraient finalement plus de temps à leurs loisirs que les « civilisés » condamnés aux logiques et aux contraintes de la production à outrance.

Cette immense période de temps nous apprend aussi que toute notre histoire est commandée par l'existence de deux grandes portes « naturelles » qui nous ouvrent aux influences extérieures, la route maritime de la Méditerranée et l'artère constituée par le bassin du Danube ; que, dès cette époque, deux espaces fortement typés dessinent les contours et les sensibilités de la France future. Elle nous rappelle enfin que la géographie de l'Hexagone, au climat tempéré entre tous, fait de notre pays un laboratoire privilégié de l'aventure humaine, à tel point qu'il a conservé à lui seul presque autant de traces que l'ensemble de l'espace européen. Cette ouverture « naturelle » qui a attiré à nous une grande diversité de migrants est notre richesse et notre originalité.

Ces populations anonymes d'origine insaisissable d'où nous sommes néanmoins issus ont défriché pour l'avenir la terre dans laquelle plongent nos racines.

Glossaire

A.D.N. (sigle d'*acide désoxyribonucléique*). Constituant essentiel des chromosomes et porteur des caractères génétiques. Son utilisation dans le domaine de la préhistoire a permis en particulier de retracer la chaîne évolutive des hommes modernes.

ÂGE DE PIERRE. Expression employée à partir du XIXe siècle, et recouvrant l'ensemble des industries lithiques de la préhistoire. D'abord divisé en «Âge de la pierre taillée» et «Âge de la pierre polie», il est aujourd'hui subdivisé en «Âge de pierre ancien» (Paléolithique), «Âge de pierre moyen» (Mésolithique) et «Âge de pierre récent» (Néolithique).

AUSTRALOPITHÈQUES. Hominidés fossiles, repérés en Afrique australe (d'où leur nom signifiant «singes du Sud») et orientale, datant de 4 millions à 1 million d'années. Répartis en différents groupes dont *afarensis, africanus, robustus* (ou *Paranthropus robustus* ou *Zinjanthropus boisei*), ces bipèdes se caractérisent par une faible capacité crânienne et une face prognathe et massive.

AZILIEN. Culture du Mésolithique (10 000-8000 avant J.-C.), définie dans la grotte du Mas-d'Azil (Ariège) et caractérisée principalement par des harpons plats, un outillage microlithique et des galets peints.

BÂTON PERCÉ. Instrument en bois de renne percé d'un trou, le plus souvent décoré et présent de l'Aurignacien au Magdalénien. Il pourrait s'agir d'un redresseur de flèches ou de hampes de sagaie.

BIFACE. Outil de pierre taillée sur les deux faces, typique du Paléolithique inférieur (Acheuléen) et du Moustérien.

BURIN. Outil de pierre taillée présentant un étroit tranchant en biseau destiné à entailler ou à rainurer l'os ou le bois. Il était surtout utilisé au Paléolithique supérieur.

CARDIAL. Culture du Néolithique ancien (6000-5000 avant J.-C.) définie par une céramique dont la décoration était réalisée à l'aide d'un coquillage, le cardium. Originaire du Midi, elle est associée à l'apparition de l'agriculture dans cette région.

CRO-MAGNON (homme de). Plus ancien représentant en Europe de l'*Homo sapiens sapiens,* il doit son nom à l'abri-sous-roche de Cro-Magnon, aux Eyzies-de-Tayac, où furent découverts en 1868 les premiers ossements fossiles. Possédant un crâne volumineux, une grande taille et une stature droite, il est associé à l'Aurignacien (qui produisit les premières œuvres d'art).

DANUBIEN. Civilisation du Néolithique ancien, originaire du Proche-Orient et qui se répandit en Europe occidentale par le Danube. Couvrant la France du Nord, le Danubien est aujourd'hui désigné sous le nom de Céramique linéaire en raison de la forme particulière de ses poteries, dites rubanées.

ÉCLAT. Fragment de roche dure obtenu lors de l'opération de taille, par pression ou percussion. De nombreuses cultures du Paléolithique se caractérisent par leur outillage sur éclats.

ÉPIPALÉOLITHIQUE. Période et cultures succédant au Paléolithique. Autrefois considéré comme une subdivision du Mésolithique, l'Épipaléolithique s'en différencie aujourd'hui et désigne désormais les cultures conservant une économie de chasseurs-cueilleurs.

GALET AMÉNAGÉ. Galet de rivière, taillé par enlèvements, pour obtenir un tranchant. Considéré comme le premier outil humain, il est cependant également présent jusqu'au Néolithique.

HOMINIDÉS. Famille qui comprend tous les représentants de la lignée aboutissant à l'homme moderne (australopithèques et hommes fossiles et actuels).

HOMINISATION. Ensemble des processus évolutifs, tant physiques que psychologiques, qui caractérisent le passage du primate à l'homme *(Homo sapiens).*

HOMO ERECTUS. Homme fossile connu en Afrique, en Europe et en Asie, entre 1,8 million d'années et 300 000 ans.

HOMO HABILIS. Homme fossile, le plus ancien représentant du genre *Homo,* connu en Afrique orientale, entre 2,5 millions et 1 million d'années.

HOMO SAPIENS. Homme fossile constituant l'ultime évolution de l'*Homo erectus.* Il se caractérise par un accroissement de la capacité crânienne, une diminution de la taille de la denture et l'apparition du menton. On distingue l'*Homo sapiens neanderthalensis,* datant peut-être de 300 000 ans et disparu vers 35 000 ans avant notre ère, et l'*Homo sapiens sapiens,* apparu peut-être vers 100 000 ans avant notre ère en Afrique, présent en Europe vers 40 000 et constituant le prototype de l'homme actuel.

HYOÏDE. Petit os en forme de fer à cheval, situé entre la base de la langue et le larynx.

LEVALLOIS (technique de débitage). Méthode de débitage qui consiste à obtenir un éclat de lame ou de pointe, de forme prédéterminée, à partir d'une préparation particulière du nucléus. Cette technique est associée au Paléolithique moyen.

MAGDALÉNIEN. Culture du Paléolithique supérieur (15 000-10 000 avant J.-C.) caractérisée par un grand développement technologique et l'épanouissement de l'art pariétal (Lascaux, Altamira).

MÉSOLITHIQUE. Terme signifiant « Âge de pierre moyen » et désignant la période et les cultures intermédiaires, comprises entre le Paléolithique supérieur et le Néolithique. Le Mésolithique se caractérise par un passage progressif vers une économie de producteurs, par opposition à l'Épipaléolithique, qui lui est contemporain et concerne les cultures où prédominent les chasseurs-cueilleurs.

MICROLITHE. Élément d'outil ou d'arme de petite dimension (d'où son nom signifiant « petite pierre »). Inséré dans une hampe en bois ou en os (servant de pointe de flèche), ou dans un manche en bois (formant une lame de faucille), il est caractéristique du Mésolithique.

MOUSTÉRIEN. Principale culture du Paléolithique moyen (135 000-35 000 avant J.-C.), définie d'après le site du Moustier (Dordogne). Caractérisé par une industrie sur éclats composée de racloirs et de pointes en silex, le Moustérien couvre toute l'Europe et est associé à l'homme de Néandertal et à l'apparition des premières sépultures.

NÉANDERTAL (homme de). Fossile humain appartenant au groupe des *Homo sapiens (Homo sapiens neanderthalensis),* qui doit son nom à la vallée du Neander en Allemagne, où fut trouvé en 1856 le premier squelette. Répandu entre 135 000 et 35 000 ans en Europe et au Moyen-Orient, il se caractérise par un crâne allongé, large et bas. Ses outils sont associés à l'industrie lithique du Moustérien.

NÉOLITHIQUE. Terme signifiant « Âge de pierre récent » et désignant la période et les cultures qui succèdent au Mésolithique. Le Néolithique se caractérise par le passage à une économie de production (agriculture et élevage) et par la progressive sédentarisation de l'homme. Commencée vers 10 000 avant notre ère au Moyen-Orient, cette « révolution néolithique » atteint l'Europe vers 5000.

NUCLÉUS (du latin *nucleus,* « noyau »). Bloc de roche restant après l'enlèvement d'éclats destinés à fabriquer des outils.

PALÉOLITHIQUE. Terme signifiant « Âge de pierre ancien » et désignant la période et les cultures qui commencent avec les premiers outils de pierre taillée et s'achèvent au Mésolithique. On distingue le Paléolithique inférieur (de 2 millions à 135 000), dont le début est lié probablement à l'apparition d'*Homo habilis;* le Paléolithique moyen (de 135 000 à 35 000), associé à l'outillage sur éclats (Levallois) et à l'homme de Néandertal; le Paléolithique supérieur (de 35 000 à 10 000), qui vit l'apparition de l'homme moderne *(Homo sapiens sapiens),* la diversification des techniques d'outillage et le développement de l'art rupestre.

PERCUTEUR. Outil servant à la taille des roches dures. Il existe des percuteurs durs (galet, bloc de roche) et des percuteurs tendres (os, bois de renne ou bois végétal), dont le rôle ne cessa de s'accroître en raison de la sophistication progressive des techniques de taille.

POLLENS FOSSILES. Transportés par les hommes et les animaux, puis enfouis dans le sol des grottes, les pollens se fossilisent alors et peuvent se conserver durant des millénaires. Leur étude, grâce à la palynologie, permet de reconstituer le paysage végétal dans lequel les hommes de la préhistoire évoluaient.

PROPULSEUR. Instrument en os ou en bois végétal ou animal (renne), destiné au lancement d'armes de jet. En usage surtout au Magdalénien, il est constitué d'un manche pourvu d'un crochet avec butée sur lequel vient s'appuyer le javelot à lancer.

RACLOIR. Outil de pierre taillée, caractérisé par un bord épais, retouché par des enlèvements successifs. Utilisé surtout au Paléolithique moyen, il servait à couper et à trancher comme un couteau.

RUBANÉ. Nom donné au décor en « ruban » (incisions en spirale, en chevron, en méandre ou en volute), exécuté le plus souvent au peigne et ornant les céramiques du Danubien.

SOLUTRÉEN. Culture du Paléolithique supérieur (20 000-15 000 avant J.-C.) qui doit son nom au site de Solutré (Saône-et-Loire). Elle se caractérise par l'invention de l'aiguille à chas, des outils de pierre appelés « feuilles de laurier » et un art sculpté original.

WÜRM. Dernière glaciation de l'ère quaternaire en Europe centrale et dans les régions alpines, qui tire son nom d'un affluent du Danube. Elle dura environ de 80 000 à 10 000 ans avant J.-C.

CHRONOLOGIE

Dates (avant J.-C.)	Évolution humaine	Périodes	Principales civilisations
2 000 000	Homo habilis		
1 000 000	Homo erectus	PALÉOLITHIQUE INFÉRIEUR	
500 000			ACHEULÉEN
135 000	Homo sapiens neanderthalensis	PALÉOLITHIQUE MOYEN	MOUSTÉRIEN
100 000			
35 000	Homo sapiens sapiens		
30 000			AURIGNACIEN
20 000		PALÉOLITHIQUE SUPÉRIEUR	SOLUTRÉEN
			MAGDALÉNIEN
10 000		ÉPIPALÉOLITHIQUE MÉSOLITHIQUE	AZILIEN
7500			
6000			CARDIAL
			RUBANÉ
5000		NÉOLITHIQUE	
4000			

DE – 2 000 000 À – 4 000 ANS

Phénomènes marquants et sites principaux	
France	**Monde**
v. 2 000 000. Premiers hommes (?) à Chilhac (Haute-Loire). **v. 1 000 000.** Première trace certaine d'*Homo erectus* : Le Vallonnet, Soleilhac, Nolhac, Ceyssaguet. Premiers outils aménagés (galets). **v. 500 000.** Bifaces acheuléens. **v. 400 000.** Premières traces de feu volontaire à Plouhinec, Terra Amata, Lunel-Viel. Dent de Vergranne. Crâne de Tautavel.	**v. 2 000 000.** Présence de l'*Homo erectus* en Chine (Sinanthrope) et à Java (Pithécanthrope). En Afrique (où la présence d'Australopithèques est attestée vers 3,1 millions d'années et d'*Homo habilis* vers 2,8 millions), première trace d'aménagement de l'habitat (Olduvai, Tanzanie). **v. 500 000.** Mâchoire de Mauer.
v. 135 000. Arrivée des Néandertaliens. Diversification des outils et amélioration technique (technique Levallois). **v. 40 000.** Premiers outillages en os. Premières sépultures : La Ferrassie, La Chapelle-aux-Saints.	**v. 40 000.** Peuplement du continent américain par des chasseurs originaires d'Asie, ayant franchi le détroit de Béring.
v. 30 000. Premiers hommes modernes (Cro-Magnon). Premières représentations de femmes (Brassempouy). Essor du travail de l'os (sagaies). **v. 20 000.** Invention de l'aiguille à chas. Essor de l'art pariétal et gravé des cavernes. Industrie solutréenne. **v. 15 000.** Apogée de l'art paléolithique : Lascaux, Niaux, Tuc-d'Audoubert, La Madeleine. Invention du harpon et du propulseur. Développement de la chasse et de la pêche (Pincevent, Étiolles, Verberie).	**v. 26 000.** Arrivée des Papous en Nouvelle-Guinée. **v. 15 000.** Altamira.
v. 10 000. Fin de la dernière glaciation. Apparition de la flore et de la faune actuelles; disparition du renne au profit du cerf et du sanglier; reconquête de la forêt. Invention de l'arc. Galets peints (Le Mas d'Azil). **v. 9000.** Domestication du chien (?).	**v. 9000.** Début de l'agriculture et de la domestication en Palestine. Début du peuplement du Japon.
v. 7000. Outillage microlithique. **v. 6000.** Apparition de l'agriculture et de l'élevage dans le Midi : Jean Cros, Oullins, Fontbrégoua, Leucate. Domestication du mouton, de la chèvre et du bœuf. Première déforestation. **v. 5000.** Essor de l'économie de production. Sédentarisation et premiers villages : Courthézon. Premiers agriculteurs dans le Nord (Cuiry-lès-Chaudardes). Extension du Néolithique du Midi vers le Nord **v. 4000.** Hiérarchisation de la société. Fortifications : Villeneuve-Tolosane.	**v. 7500.** Culture du blé et de l'orge. Occupation du site de Çatal Höyük (Turquie). **v. 5000.** Culture du riz en Chine. Culture du maïs au Mexique. **v. 4000.** Invention de la roue et de la charrue en Mésopotamie ; premières villes sumériennes.

Bibliographie

BORDES F., *Leçons sur le Paléolithique,* C.N.R.S., Paris, 1984.

CAMPS G., *Introduction à la préhistoire, À la recherche du paradis perdu,* Le Seuil, Points Histoire, Paris, 1994.

CHAUVET J.-M., BRUNEL DESCHAMPS E. et HILLAIRE C., *La Grotte Chauvet à Vallon Pont-d'Arc,* Le Seuil, Paris, 1995.

CLOTTES J. et COURTIN J., *La Grotte Cosquer, peintures et gravures de la caverne engloutie,* Le Seuil, Paris, 1994.

CLOTTES J., *Les Cavernes de Niaux, art préhistorique en Ariège,* Le Seuil, Paris, 1995.

COURAUD C., *L'Art azilien. Origine, survivance,* C.N.R.S., Paris, 1985.

De Néanderthal à Cro-Magnon, Catalogue, Musée de Préhistoire d'Île-de-France, Nemours, 1988.

DELAPORTE H., *L'Image de la femme dans l'art préhistorique,* Picard, Paris, 1979.

DELLUC B. et G., ROQUES M., *La Nutrition préhistorique,* Pilote 24, Paris, 1995.

DEMOULE J.-P. et GUILAINE J., *Le Néolithique de la France. Hommage à Gérard Baillou,* Picard, Paris, 1986.

DEMOULE J.-P., *La France de la préhistoire, mille millénaires, des premiers hommes à la conquête romaine,* Nathan, Paris, 1990.

DUCROS A., *Préhistoire de la France,* Nathan, Paris, 1983.

GIOT P. R. et al., *Préhistoire de la Bretagne,* Ouest-France, Rennes, 1979.

GOUDINEAU C. et GUILAINE J., *De Lascaux au Grand Louvre. Archéologie et histoire en France, Errance,* Paris, 1989.

GUILAINE J. (éd.), *La Préhistoire, d'un continent à l'autre,* Larousse, Paris, 1989.

GUILAINE J., *La France d'avant la France,* Hachette, Paris, 1980.

GUILAINE J., *Premiers Bergers et Paysans de l'Occident méditerranéen,* Mouton, Paris, 1976.

Le Grand Atlas de l'Archéologie, Encyclopædia Universalis, Paris, 1985.

LEROI-GOURHAN Arlette et ALLAIN J., *Lascaux inconnu,* C.N.R.S., 1979.

LEROI-GOURHAN A. (éd.), *Dictionnaire de la Préhistoire,* P.U.F., Paris, 1994.

LEROI-GOURHAN A. et al., *La Préhistoire,* P.U.F., Paris, 1985.

LEROI-GOURHAN A., DELLUC B. et G., *Préhistoire de l'art occidental,* Citadelles & Mazenod, Paris, 1995.

LEROI-GOURHAN A., *Le Geste et la Parole,* Albin Michel, Paris, 1964-1965.

LEROI-GOURHAN A., *Les Religions de la préhistoire,* P.U.F., Paris, 1964.

Les Premiers Habitants de l'Europe, 1 500 000 - 100 000 ans, Catalogue, Musée de l'Homme, Paris, 1981.

LUMLEY H. DE et GUILAINE J. (éd.), *La Préhistoire française,* 2 vol., C.N.R.S., Paris, 1976.

MOHEN J.-P. (éd.), *Le Temps de la préhistoire,* Société préhistorique française, Paris, 1989.

MOHEN J.-P., *Vous avez tous 400 000 ans,* J.-C. Lattès, Paris, 1991

PERLÈS C., *Préhistoire du feu,* Masson, Paris, 1977.

ROZOY J.-G., *Les Derniers Chasseurs,* Société archéologique champenoise, Charleville-Mézières, 1978.

RUSPOLI M., *Lascaux,* Bordas, Paris, 1986.

SAINT-BLANQUAT H. DE, *Les Premiers Français,* Casterman, Paris, 1987.

VIALOU D., *L'Art des cavernes-sanctuaires de la préhistoire,* Le Rocher, Paris, 1987.

Index

Cet index répertorie par ordre alphabétique les noms de sites, de personnes, de périodes et de cultures de la préhistoire cités dans le texte.
Les chiffres en **gras** renvoient à une analyse développée. Ceux en romain renvoient à une simple mention. Ceux en *italique* renvoient aux légendes des illustrations ou aux cartes.
Les noms mentionnés dans le glossaire et dans la chronologie ne sont pas répertoriés dans cet index. Le lecteur voudra bien se reporter aux pages 120-121 pour le glossaire et aux pages 122-123 pour la chronologie.